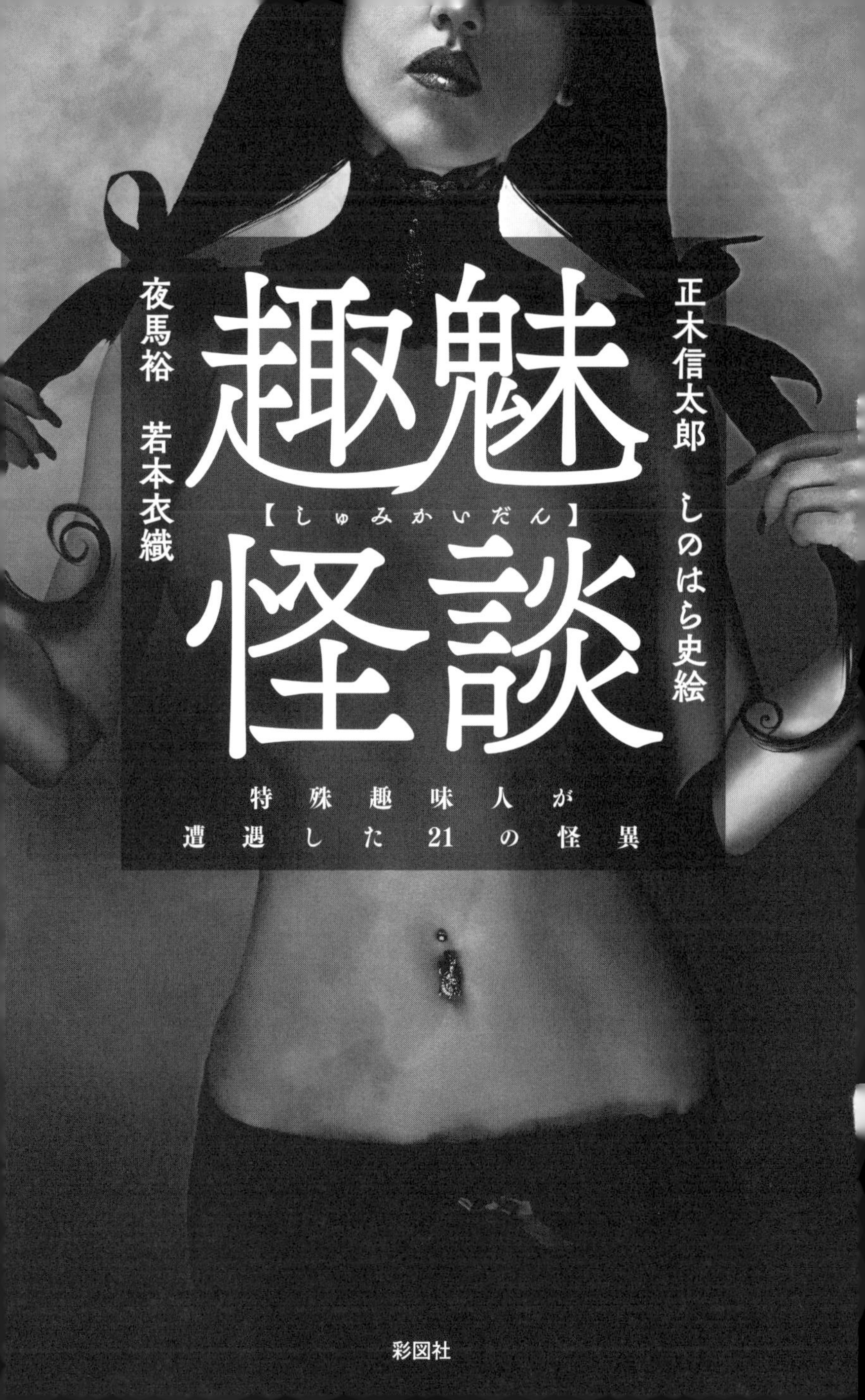

趣魅怪談【しゅみかいだん】

特殊趣味人が遭遇した21の怪異

正木信太郎　しのはら史絵
夜馬裕　若本衣織

彩図社

はじめに

「今度は珍しい趣味の怪談の本、企画してみない？」

我が板橋怪談会の共同主催者、そして『異職怪談～特殊職業人が遭遇した26の怪異～』（以下、『異職怪談』と略）という実話怪談本の共著者でもある正木信太郎氏から、そう提案されたのは去年の九月ごろでした。

アイデアマンである彼からの提案はいつも非常に面白く、おかげ様で好評を得ている『異職怪談』も、正木氏発の企画です（いつも大変お世話になっています）。

「珍しい趣味の怪談」とは何ぞや、と詳細を伺ってみると「メジャーとはいえない趣味を持った方たちが、その趣味を楽しんでいる際に遭遇した怪異を集める」という、これまたとても興味深い企画でしたが、とてつもなく蒐集するのが難しそうなお題でした。

この企画を聞いて思い出したのは、『異職怪談』で私一人だけが怪異を取材することに難儀したこと。

今回提案された企画もかなり面白いので、ぜひ参加したい。これが一冊の本になれば、話題も相当なものになるだろう。ですが、また、取材が遅れると皆さまにご迷惑がかかってしまうと怯《ひる》んだ私は「今回は四人編成で書きませんか?」と、苦肉の策を彼に提示してみました。そして私の考えを快く受け入れてくれた正木氏のおかげで、二人の素晴らしい作家をゲストにお招きすることができたのです。

まず一人目は、二つの文学賞を受賞した作家でもあり、怪談師でもある夜馬裕《やまゆう》氏。同氏は昨年、『怪談最恐戦二〇二〇』という怪談界でも有名な怪談語りの賞レースで見事優勝し、『三代目怪談最恐位』に君臨。今や飛ぶ鳥を落とす勢いで人気急上昇中の怪談界のエースです。

そして二人目は、怪談作家界の若手のホープである若本衣織氏。

若本氏は第二回『幽』怪談実話コンテストで『蜃気楼賞』に入選した実力派作家です。

今思い返してみると、私と彼女が初めて出会った場所も、夜馬裕氏が主催する怪談イベントでした。これにも運命的なものを感じてしまうのですが、その出会いのときに若本氏と会話をした私は、彼女の才能に舌を巻いたことを今でも鮮明に覚えています。

このお二方に寄稿していただいたことは大変光栄なことであり、私自身とても勉強になりました。夜馬裕氏と若本氏に、深く感謝を申し上げます。

また、この本を作るにあたってたくさんの方々に取材させていただきました。

実は私の予想とは裏腹に書ききれないほどの怪異をお寄せいただき、捕らぬ狸の皮算用ではありますが、この『趣魅怪談』の売れ行きが良く、続編の話が万が一でも出たとしたら、今回載せられなかった怪異をそこに書こうとすでに考えています。

私がこの本に執筆した趣味以外でも、狛犬の写真集め、明晰夢、害虫駆除のための輪ゴム飛ばし研究、カポエイラなど、世の中には本当に珍しい趣味に没頭している方たちが意外と多くいらっしゃることを初めて知りました。

怪異には繋がりませんでしたが、なかには「ＹｏｕＴｕｂｅで犬についたマダニを取る動画を観る」「七年間毎日全国のダムの貯水率を記録し、グラフ化している」という極めて稀な趣味をお持ちの方もいました。この二つの趣味を持つ方々は、私の昔からの知り合いです。ですが、この本の話が出るまでこのような変わった趣味を持っているとは、私は全く知りませんでした。

奇抜とも思える趣味嗜好は、他人にはかなり言いづらい面があると思います。

それでも今回、多くの方々が勇気を出して怪異とともに打ち明けていただき、感謝の念に堪えません。

それではいよいよ、四人の作家が紡ぎ出した摩訶不思議な世界へとご案内いたします。
心の準備はよろしいですかな？
お気をつけて、いってらっしゃいませ。
本書が読者の皆さまにとって、良い出会いとなりますように。

しのはら史絵

趣魅怪談　特殊趣味人が遭遇した21の怪異　〜目次〜

第二章 妖の怪異

第三章 怨の怪異

第四章 縛の怪異

第一章　奇の怪異

【トレイルランニングの怪異】

パァァァン！

（しのはら史絵）

トレイルランニングとは山道や林、丘など、いわゆる不整地や未舗装地を走るスポーツである。千夏《ちか》さんは彼氏の聡《さとし》さんと共に長年、このトレイルランニングを楽しんでいるそうだ。日本ではまだメジャーとはいえない競技かもしれないが、国内でも様々な地で大会が開かれるようになった。出場するためには普段からのトレーニングも欠かせない。千夏さんたちは仕事のある平日や登山のオフシーズンは筋トレやジョギングに精を出し、それ以外の休みの日などに様々な山や林道を走っているという。

今から約三年前の話だ。

千夏さんと聡さんはトレーニングのため有休をとり、関東にある山へと向かった。二人とも初めて走る山であった。平日、かつシーズンの終わりかけという時期でもあり、登山客はほぼいない。山並みの木々は美しい錦繍《きんしゅう》を身にまとい、秋の訪れを告げていた。山頂付近は落ち葉も多いだろう。肌寒さを考慮し、装備も万全に支度してきた千夏さんたちは、紅葉を楽しみながら上機嫌で走っていた。

休憩を挟みつつ、気づけば中腹辺りにきている。

そろそろ昼食を取ろう。腰を下ろす場所を探していると、くしゃりくしゃりと、落ち葉を踏み歩く音が下の方から微かに聞こえてきた。最初は、他の登山者が登ってきているのだろうと気にしていなかったが、徐々に聡さんの様子が変わっていった。落ち着かないのか耳をそばだて、きょろきょろと辺りを見渡している。

「どうしたの？」その問いに答えるかのように、彼は突然立ち上がった。

「なあ、何か変じゃないか」先ほどから足音は続いている。むしろその音は徐々に近づいてきているのに、一向に人の姿は見えない。不穏な空気を感じとった千夏さんも立ち上がり、音がする方に目を向けてみたが、それらしき人影は皆無であった。

そのままの状態で、どれくらいの時間が過ぎたであろうか。

「あ」突然、聡さんが声を上げた途端、千夏さんの全身に怖気が走った。

くしゃり、くしゃり。

　音がするたびに積っている落ち葉がへこんでいた。まるで透明人間が歩いているかのように、だ。何かがいる。二本足の何かがこちらに向かって歩いて来る。そしてそれは、すでに足跡が目視できるところまで来ていた。

「逃げるぞ！」

「ど、どこに？」一刻も早く、その得体の知れないモノから離れるべきだと本能が告げていた。けれども、逃げるとなると上に行くか、横の藪の中に入るしかない。上に逃げれば頂上で行き止まり、藪に入れば動きが遅くなり追いつかれるだろう。

「早く！」逃げ場所を考え一瞬だけ躊躇していると、血相を変えた聡さんから思いっきり手を引っ張られた。その勢いにつられ、千夏さんはバランスを崩し転倒してしまった。

「来た！」聡さんの声につられ彼女が慌てて身体を起こした瞬間、彼は〈二本足の何か〉にペットボトルを投げつけた。

　と、ほぼ同時に〈バンッ！〉という大きな破裂音が山中に響き渡った。ペットボトルが空中で止まり、いきなり爆発したのだ。

「急げ！」聡さんの声を合図に、二人は取るものも取りあえず全速力で頂上に向かい走りだした。しかし、それに合わせたかのように、足音もスピードを上げてくる。

くしゃくしゃくしゃくしゃくしゃくしゃくしゃくしゃくしゃくしゃくしゃくしゃくしゃ

発狂しそうになりながらも、千夏さんは走りながら後ろを振り向いた。

やはり姿は見えない。けれども落ち葉がへこんでいく速度と連続する足音で、相手も激走しているのが手に取るように分かった。

「振り向くな！　とにかく走れ！」

鼓動が早鐘を打ち、心臓が爆発しそうになる。早く、早く逃げなければ。

焦る気持ちと裏腹に登山道は徐々に狭く、傾斜がきつくなってきた。

元より頂上まで行かずに、急こう配になる手前で引き返す計画であった。登山者が登りやすいように、細い山道の両側には山頂に続くロープが張られていたが、そんなものを手に取る余裕はない。這いつくばるように、何度も落ち葉に足を取られそうになりながらも、とにかく迫りくる跫音《きょうおん》から二人は逃げ続けた。

「途中でザザザザーッと落ち葉を滑らす音が、後ろから聞こえてきたんです」

相手もこの急こう配に足を取られ手間取っている。チャンスだ。今のうちなら撒ける。頂上に身を隠せる建物があれば、逃げ切れるかもしれない――。

「ひ」思わず変な声が出た。千夏さんが少しばかりの希望を見出していると、彼女のすぐ横のロープが上下に揺れ始めたのだ。聡さんはロープに触れてもいない。ということは〈二本足の何か〉がロープを掴んでいるに違いない。その証拠に、足音が鳴る速度は確実にピッチを上げていた。考えが甘かった。早く、早く、逃げなければ。

その一心でよじ登っていると、頂上が見えてきた。だが、頂上には小さな古ぼけた祠があるだけで、身を隠せるようなところは見当たらない。

「祠、祠の後ろに！」

滑り込むように祠の後ろに回った。案の定、二人分の身体は隠すことができなかった。

くしゃくしゃくしゃくしゃくしゃくしゃくしゃくしゃくしゃくしゃくしゃくしゃ

「来る！」

彼女が恐怖のあまり目をつぶると、〈パアァァン！〉という大きな音と共に一陣の風が頭上に吹いた。積っていた落ち葉が舞い、顔や身体に当たる。すさまじい風圧が過ぎると、つい先ほどまで聞こえていた足音が止んでいることに気がついた。

恐る恐る目を開けてみる。すると、先ほどまで濃厚に漂っていた邪悪な気配も消え、辺りは静寂さを取り戻していたという。

「下山してから地元の人に声をかけて、祠のことを聞いてみたんです。そしたらあの祠、麓にある神社の奥宮だって教えてくれました。きっと、あの山の神様が助けてくれたんですよ。だからあれから毎年お礼をしに、麓の方の神社にお参りしてるんです」

調べてみると二人が怪異に遭遇した山は、ある高名な行者《ぎょうじゃ》が開山《かいざん》しており、麓の神社で祀られているという。修験道は神仏習合の信仰である。私は以前、とある寺で修験者の方が拍手を打つところを目撃した。神社ではないのになぜ拍手を、と不思議に思い尋ねてみると「拍手は魔を切る意味がある」と教えていただいた。邪気を払うことで敬意を示している、それは神でも仏でも同じです、とのこと。

憶測にすぎないが、このことからも千夏さんたちが祠の後ろで聞いた〈パアァァン！〉という銃声のような音は、拍手ではないかと私は考えている。

千夏さんたちを襲ったモノの正体は分からないが、神社で祀られている高名な行者が拍手を打つことで、魔を払ったのではないか、と。

【鉱物コレクターの怪異】

石拾い

（若本衣織）


S県の某海岸は、ビーチコーマー（海岸等に打ち上げられた漂流物の観察・蒐集を趣味とする者）にはかなり有名な場所である。

その海岸の転石は約二割が石英であり、割れ目や黒い筋に自然金が付着していることもある。石英以外には瑪瑙《めのう》やアメジストも拾うことができるため、鉱物マニアなら誰もが知っている「狩り場」だった。結城《ゆうき》さんも駆け出しの鉱物コレクターの一人であり、休みの日になると、都内にある自宅マンションから高速道路を飛ばして、この海岸へと通っていた。

山の鉱脈などに比べれば程よい狭さで、断然歩きやすく、また採集も容易であるという点が、海辺の「石拾い」の魅力と言っていいだろう。滑落や遭難の危険性が少ないという点も、初心者には嬉しいところだ。ただ注意しなくてはならないのが、たまにやってくる「おばけ波」の存在である。

おばけ波とは不定形な波が突然、時には重なってやってくる現象を指す。目測を誤ってずぶ濡れになってしまう事も少なくない。それくらいなら可愛いもので、波の大きさやリズムによっては、海の中に引きずり込まれてしまう事故も度々起こる。特にこの海岸は一見幅の広い浅瀬が続いているように見えるのだが、一歩海に入ってしまえば、その先はすり鉢状に大きく抉れている。ここ十年ほどで、近隣の海岸も含めれば十指では足りないほどの死者・行方不明者を出している「死の海岸」でもあった。


ビーチコーマーの先輩からその海岸の危険性を口酸っぱく言い含められていた結城さんは、その日も朝から天気予報に加え、潮汐《ちょうせき》情報も入念に確認してから出発した。しかし、運悪く高速道路の事故渋滞に巻き込まれ、到着予定時刻を三時間近くオーバーしてしまった。海での採集は、山のそれとは違って「満潮」という明確なタイムリミットがある。高速道路料金やガソリン代、駐車場代の元を取ろうと、自身が海に浸かることも厭わずに石を深追いしてしまったそうだ。

石を探し始めて二時間もした頃だろうか。到着時は足首が濡れるくらいだった潮の位置も、波が押し寄せれば太腿がずぶ濡れになるくらいまでに高さが増していた。

（あと二、三個めぼしいものを拾ったら帰ろう）

そう考えて足元を見れば、黄色っぽい三センチくらいの石が目に入った。シトリンだろうか。手を伸ばしかけた瞬間、ザザザザと波が引いていくのが見えた。

波がくる。思わず、石を砂ごと握りしめる。慌てて岸へと戻ろうとしたが、既に遅かった。両足が踏みしめているはずの砂場は見る見るうちに崩れ、何かに手繰られるかのように、身体が海へと引きずり込まれていく。立っていられず、思わず膝をついた。まるで覆い被さるように、黒い波が身体を飲み込もうとしていた。

おばけ波だ。叩きつけられるような衝撃と共に、目や鼻や口に砂と塩水が流れ込んできた。苦しい。まるで殴られたみたいに、鼻の奥がカッと熱くなる。呼吸ができないどころか、自身が今、どの体勢でいるのかも検討がつかない。あまりの苦しさに、死を覚悟した。

そのまま海へ引きずり込まれそうになった瞬間、結城さんの右腕に、海藻のような何かが絡みつくのを感じた。身体全体をもぎ取るかのような勢いで、波が引いていく。まるで綱引きのように、岸と海が身体を引っ張りあう。まさに身体が千切れると感じたその時、ふと身体が軽くなった。波が完全に引いたのだ。履いていたサンダルとショートパンツは波に奪われてしまったが、全身砂だらけになりながらも、結城さん自体は砂浜に残っていた。

（助かった）

満身創痍ながらも立ち上がろうとして、ぎょっとした。下着一枚で仰向けに寝転んだ結城さんの右手首は、砂から突き出た女性の両手によって、しっかりと握られていたのだ。

赤い剥げかけのマニキュアが塗られた指、青く細いその女性の指から、どうしてこんなに強い力が出るのだろうと、結城さんは少しずれたことを考えていた。

手だけの女性は、左手は結城さんの手首に残したまま、右手をまだ固く握りしめられている結城さんの拳へと伸ばしていった。そのまま、結城さんの緊張を解すように、指を一本一本開いていくと、その掌から先ほど拾った黄色い石を摘み出し、ひらひらと左右に振った。

すると、今度は瞬きの一瞬で、女性の両腕は跡形もなく消えてしまったのだという。

「あの時、拾った石ですが、水晶にしては軽いし、濁りも強かったので、ひょっとしたら何かの骨だったのかもしれません」

結城さんは今でもその海岸へ通っている。ただ、訪れる際には必ず小さな花束と線香を持参するようになったそうだ。

【ウミウシ撮影の怪異】

奇妙な海の宝石

（正木信太郎）

「これ、何の写真だかわかります？」

薄暗い喫茶店の隅に座り、差し出されたL版が数枚。返答に困る。

あきらかに海中でシャッターを切ったものだとわかる。鮮やかにグラデーションする群青、そして周辺には珊瑚や熱帯魚が様々な彩りで四角い窓を飾る。そして、必ず真ん中には一匹の海洋生物がフォーカスされている。

見るからにつるりと滑らかな身体は細長く偏平で、ハワイの海を想起させる明るい青の地にそれを一層映えさせる黄色い縁取りの個体。別の個体は、ずんぐりとした身体はオレンジ味のグミのような色使いで、伸びる触覚の先は黒から青白へ階調していて、どこかアニメキャラクターのような可愛さがある。

「どれも、ウミウシ……ですかね？」

「正解です！」

Eさんはぱちんと指を鳴らして、こちらを指さしてきた。

「日本で遭遇するウミウシの種類は約一三〇〇種、世界まで広げると三〇〇〇種といわれているんです。多いでしょう？　同じ種類でも同じ模様を目にするのは難しい。『海の宝石』なんて別名も頷けません？　身体も蛍光色がほとんど、大きさは数ミリという可愛らしいものから、数十センチになる巨大なものまで様々なんですよ。面白いじゃないですか」

営業トークのような早口に圧倒された。

「で、まぁ……」

急に真顔に戻り居住まいを正した彼は、苦虫を噛み潰したような顔で話し始めた。

「こいつらに関わる話なんですけどね……あれは、五年前……だったかな」

当時、Eさんは二つの企業を経営していて、分刻みのスケジュールをこなしていた。

終電で帰ることが常態化していて、タクシーを拾うことも少なくはなかった。

そんなEさんにも忙しい合間を縫って、熱中している趣味があった。

スキューバダイビングだ。SNSで知り合った仲間たちや自分の家族と一緒に海に向かい、週末を楽しむ。

家族は浜辺でボール遊びをしたり浅瀬で泳いだりするくらいだったが、Eさんたち男性陣は海に潜り、ウミウシを探しては撮影するということを繰り返していた。


ある晩のこと。

疲れてはいるものの、慣れっこになってしまっているのか、そういう体力が身に付いてしまっているのか、意識ははっきりしていてすぐに眠りたいというほどではなかった。

シャワーを浴びて、缶ビール片手に書斎のドアを開けたEさんはその場で固まった。

「ん……？　これって」

部屋の真ん中あたりに、何かが転がっていた。

Eさんの背中越しに漏れてくる蛍光灯の明かりに照らされて濁ったオレンジ色を放つそれは、ウミウシだった。

彼が驚いたのはそのことだけではない。この生き物は、海中にいるからこそ身体がフワフワとして触覚もユラユラとたゆたうのだ。地上に打ち上げられた瞬間にペシャっと自重でつぶれてしまい平らになってしまうはずだが、そうはなっていなかった。

目の前のそれはダイビング中に出会うそれとまったく変わらない様でそこに居る。

「た、大変だ！」

缶とバスタオルをその場に投げ捨て駆け寄り、両手ですくい上げる。部屋には大小様々の水槽があり、熱帯魚を飼っているのだが、どこか適切なところにこいつを入れてやらねばと部屋中を見回した。

「え？　え？」

しかし、次の瞬間には両の掌に乗っていたはずのウミウシは、さーっと砂になって崩れていった。いったい何が起きたのかわからず、彼は我が手を見つめることしかできなかった。


半年後。

Eさんは毎日を忙しく過ごしていた。

昼食時をとっくに過ぎた頃、小休止を取ろうと席を立って給湯室に向かった。

コーヒーを淹れて戻ってくると、一緒に会社を立ち上げた同僚が不思議そうな顔でパーティションの奥にある自分の席を覗き込んでいる。

「おい、どうかしたか？」

「いや、これ。これ、お前が好きなやつ……だよな？」

「はぁ？」

指の向けられた方向に視線を動かす。その瞬間、自然と自分でも間抜けだと思ってしまうような気の抜けた声が出てしまった。

整えられた机の上。パソコンモニターの真ん前に青色のウミウシが鎮座している。あのとき同様に、海中で見る姿のままそこに居たのだ。

「え、どうして……」

呆気に取られていると、Eさんと同僚の見守る中、そいつはまごまごと進み出した。

「ああっ！」

どうなるのだろうと注視していると、ずるずると湿った音を立てながら机の端まできて、ぼたっと床に落ちてしまった。ウミウシは平たくつぶれてしまい、落下の衝撃でもとの形が激しく崩れてしまっていた。

二週間後、Eさんは職場の会議室で、訪ねてきた警察の応対をしていた。

ダイビング仲間のひとりが仕事中に転落死したというのだ。

そのことについて形式的な質問をされて、それに答えるだけだった。

「まだ何もわかっていないので、事故かそうじゃないか調べている段階です」

警察はそういって明言を避けていたが、『殺人ではないか』と疑っていることが目つきから読み取れたという。

その晩のこと。

「今日はひどい一日だった……」

誰もいないリビングで独り言ちると、雑にスーツを脱いでソファに投げ捨てた。

「さすがは警察、といったところか」

彼の部屋の壁三面には、水槽がいくつも設置されていて、その中をカラフルな魚たちが泳いでいる。

青色LEDがぼやりと空間を照らし出し、ただそこで座っているだけで癒される。

ドアを開けて入り、椅子にどっかと座った。

「………あれ？」

ふと、水槽の上に目がいった。

ダイビング仲間たちと撮った写真が所狭しと鋲で張り付けられている。

ほとんどは水中撮影で、仲間の誰かがウミウシと写っているツーショットだ。

Eさんの視線は、その中の一枚に釘付けになった。

それは、仲間たちと行った東南アジア旅行でスキューバダイビング中に撮ったものだった。

とても仲の良かった友達と一匹のミスジアオイロウミウシのツーショット。マスクにスノーケル。顔こそ隠れてしまっているが、Eさんが彼を見間違うはずがない。

そして一緒のフレームにいるのは青白い体に、それに沿った三本の黒い縦線が入っている一匹のウミウシ。

立ち上がり、その絵に近づいていく。鋲を抜きそれを手に取ってまじまじと観察した。

——こいつだ。

二週間前、自分のデスクに現れたのはたしかに同じ模様をした個体だ。そして、そいつは自分と同僚に目撃されたあと落下して崩れたのだ。

「同じだ……」

口を突いて出たのはひとつの確信。

「これだ！」

手にしたのは、別の友人がこれまたウミウシとのツーショットに収まった写真だった。見ると、真ん中に鈍く光るオレンジのウミウシが写っている。半年前、Eさんの書斎に出現して消えたあの個体。それと同じ模様のもの。そして一緒に写っている友人は、半年前に熱中症で亡くなった。そこで身震いが止められなくなった……。

「その青いウミウシと転落死というのはわかりますが、オレンジ色のやつと熱中症ってあまり結びつかないような気がするのですが？」

暗い喫茶店でもわかるくらい顔を紅潮させて話すEさんを少しけん制する。

少し突拍子がないのではないか、と。

「いやいやいや！　砂になった！　暑さで死んだ！　ね？」

「と言われても……」

「でも、そいつ『タイヨウミノウミウシ』って名前なんですよ。ね、太陽」

「あぁ、なるほど。それならなんとなくは」

死を暗示するウミウシ。怖いんだか、怖くないんだか。内心、苦笑いをした。

「ちょっと信じてもらえてないですよね。じゃあ、これ見ても同じことといえますかね？」

いうやいなや、彼は上着を脱ぎ、両袖を捲《まく》ってみせた。と同時に、懐から一枚の写真をテーブルの上に差し出した。

「ええと？」

どちらをまず見れば良いのか戸惑っていると、彼は左腕をぱんぱんと叩き出した。

「これですよ、これ。わかりますか？」

見ると、左肩から手の甲にかけて稲妻のような樹状の痕が走り抜けている。

「すごいでしょう？　『リヒテンベルク図形』っていう稲妻に打たれた人に残る傷跡ですよ。ちょっと前にやられましてね。で、次にこっち」

　Eさんは傷跡が生々しく残る手で写真を指差した。

　自然に視線がそちらにいく。

「これは……」

　写っていたのはEさんと小さい小さい一匹の……なんだろう？

「これもウミウシですか？」

「そうです。『イナバミノウミウシ』といいます」

　赤い胴体に、青く透けたぼんぼりのような形をした球体が二つ触覚としてついている。その二つそれぞれの中には一本の黄色い筋が縦に流れていた。

「で、こいつ、帰宅する途中のタクシーの中に現れたんですよ」

「これが？」

「そう。そして、よおく見てください。そこ、そのぼんぼりの中。稲妻に見えませんか？」

「あっ！　はい！　えぇ、えぇ、わかります」

「雷に打たれる三日前だったかな。それで、ずどん」

　Eさんは左腕を上から下に動かして落雷の真似をしてみせた。

「たしかに、暗示だと思って良さそうですね」

顔が熱くなっていくのが自分でもわかる。

「貴方もそう思いますか。だとすると、これはちょっと、いや、かなり厭だなぁ……」

さっきまでのテンションが嘘のように、彼は一瞬にして暗い顔になった。

「え、どうしたんですか？」

——だとすると……。

「二人は亡くなったんですよ。亡くなった……」

「あっ……それは……」

「もう一度、その写真をよく見てくださいませんか。ぼんぼりひとつに稲妻一筋。つまり合計で二筋ありますよね。私、まだ一発目なんです。ということは……」

——私、次で感電死ってことになりませんかね？

【球体関節人形作りの怪異】

育児放棄

（しのはら史絵）

球体関節人形とは、その名の通り関節部が球体で作られている人形を差す。

膝や肩、足などの関節部分がその球体により自在に動かすことができ、様々なポーズをとることができる。ここ近年の技術進歩も目覚ましく、パッと見ただけでは本物の人間のように見える人形も多く存在する。

そもそも人形というのは、怪談では馴染みのあるモチーフの一つだ。相羽《あいば》ご夫妻もご多分にもれず、五年ほど前に奇妙な体験をした。

手先の器用な相羽さんの妻・江美さんは、学生時代から人形作りを楽しんでいた。

とはいっても、球体関節人形ではない。

布やフェルトでできた子供が喜びそうな〝着せ替え人形〟である。ご近所や親戚からも売り物になると絶賛されていたが、本人は至って謙虚であった。人形作りはあくまでも趣味。喜んでもらえるのが嬉しく、欲しがる人には全てただであげていたそうだ。

そんな彼女にも、転機が訪れる。

ある日、知人から見せられたとある外国の球体関節人形の写真集に目を奪われ、自分も一から教わりたいと渇望するようになったという。

「それからの妻は、熱心に色んな作家の個展を訪ねていました。私も一緒にいったことがあります。本当は、その写真集を出した作家の先生に習いたかったようですが、なにせ外国の方ですからね。日本にも自分の趣味にあった先生がいるはずだって、熱心に探していましたよ。そしたらある日、妻が興奮しながらとある人形教室の案内書きを持ってきましてね。違う作家の作品が展示してあった個展会場《ギャラリー》に、置いてあったみたいです」

案内書きには、美しい人形の写真が載っていた。

甘い蜜のように艶めいた金髪、熟れた桃のようなぷっくりとした唇、水晶のように澄み切った瞳――。

江美さんはこの人形にとても魅了され、ぜひここに通いたいと懇願してきた。

更に目を通していくと、その教室は相羽さんの家から通いやすい場所にあった。

人形作家の自宅で教えており、講座は土曜日午後の一クラスだけと書いてある。

「少人数で教えてくれるのよ。きっと早く上達するはず」と、興奮して話す江美さんに、相羽さんも習うことを賛成したそうだ。


習い事初日。

相羽さんが居間で本を読んでいると、江美さんが真っ青な顔で部屋に飛び込んできた。

事前に知らされていた帰宅予定時刻よりも、やけに早い。

心配になった相羽さんが理由を聞くと、彼女は息を切らしながら口を開いた。

「信じてもらえないかもしれないけど……」

教室は、閑静な高級住宅街にある洒落た低層マンションの一室であった。

高齢である女性の先生は緊張気味の江美さんを、笑顔で出迎えてくれたという。

扉が開いたままなのだろう、リビングからは数名の女性の笑い声が聞こえてきた。

「みんないるから、先に入ってて」

先生に促されリビングに入った途端、江美さんはうろたえた。

六十畳はあると思われる広さや、ヨーロッパのアンティークで統一された豪華なインテリアに圧倒された訳ではない。先ほどまで賑やかに笑っていた生徒たちが、みな微動だにせず、無表情で江美さんを見つめているのだ。

道具を手にしている者、上着をハンガーにかけている者。

全員が〈だるまさんが転んだ〉をしているかのように、ぴくりとも動かない。

「私が挨拶しても、誰も反応しなかった……先生がリビングに入ってきたら、やっと笑顔で挨拶してくれたの」

作業中も同様であった。初心者である彼女に先生が説明しているときも、他の生徒は一様に手を止め、彼女の一挙一動を、ずっと凝視していた。

「ほら、そんなに見ていたら、江美さんが恥ずかしがるじゃない」先生がそう注意すると、また笑顔でおしゃべりをしながら、作業を再開するのだ。

き、気味が悪い——。

背筋が凍った江美さんは「用事を思い出した」と、急いで教室をあとにしたという。

「まるでマインドコントロールされてるみたいなの……みんな、先生に操縦されているロボット……ち、ちがう、操られている人形って言ったほうがあってるかも……私が帰ろうとしたときも、先生が引き止めたら、みんなも一緒になって〝まだいいじゃない〟って……あそこの教室、かなり変よ。私、もう行きたくない」

「分かったから、落ち着いて」

にわかには信じられなかったが、よほど怖い思いをしたのだろう。

肩を震わせながら説明を続けようとする江美さんを落ち着かせ、その日は早めに休むことにしたそうだ。


次の日。

休日だというのに朝早く目が覚めてしまった相羽さんは、すぐに横で寝ている江美さんの様子をうかがった。彼女は起きていた。まんじりともせずに夜を明かしたらしい。

よどんだ空気を入れ替えようと相羽さんが窓を開けると、一階の玄関先に段ボールが置かれているのが目に入った。

「何だ、あれ」

物憂げにベッドから起き上がってきた江美さんも、一緒になって下をのぞき込む。

「……ちょっと来て！」

叫んだ彼女のあとを追い、急いで玄関先に向かった。外に出ると周囲には誰もいなかったが、送り状のついていない大きめの長細い段ボールが、ポツンと置いてあった。

「た、多分、教室にあった、人形だと思う」

「送ってくれって頼んだのか？」そう聞くと、江美さんは必死に首を横に振った。

何を聞いても怯えたように「分からない」としか答えない彼女に、業を煮やした相羽さんは、注意深くその段ボールを開けてみたという。

「え」一瞬、どきりとした。本物の人間かと思ったのだ。

中には等身大の少女の球体関節人形が入っていた。

がりがりに痩せこけ、眼だけが異様に大きい。

しかも、薄汚れた下着姿。髪は梳いていないのか、とても乱れていた。

「……ど、どこかに捨ててきて！」

しばらく呆然と見ていた江美さんが、急に大声を張り上げた。

「捨てるって……どこに？」

「どこでもいいから！」彼女は絶叫に近い声を出し、かなり取り乱していたそうだ。

とりあえず段ボールの蓋を閉め、玄関先に置いたまま、江美さんの興奮が静まった頃を見計らい、居間で話を聞いてみた。

「一体、何がどうなってるんだ？」

「実はね……昨日の帰りがけに、引き止められたっていったでしょ。そのとき〝帰るなら教室にきた記念に、好きな人形をあげる〟って言われたの」

一刻も早く帰りたかった江美さんは遠慮をしたが、先生に手を引かれて人形の倉庫となっている別室へと案内された。

「先生が作った人形がたくさん置いてあった。でも、すぐにあの……玄関に置かれている人形が目に入ってきたの」

くだんの人形は、部屋の中央に置かれた椅子に座っていた。

前かがみに腰掛け、細い両腕で空腹を我慢しているかのように、お腹を押さえている。

「まるで、ネグレクトされてる子供みたいじゃない。一目見ただけでゾッとしたわ。角度的な問題もあるかもしれないけど、私が入ったときからあの人形と目があっていたの。何だか〝助けて〟って言われているみたいで、怖くなって」

それ以外は人形が動いた訳でも、口をきいた訳でもない。

ただただ、不気味であったのだ。

「あの子が気に入ったの？」先生の一言で我に返る。

何と答えようか迷っていると、「あの子もあなたのこと、気に入ったみたいね」と笑いかけてきた。

「こんな高価な人形、受け取れません」

丁寧に断りを入れた途端、リビングにいたはずの生徒全員がいつの間にか集まっていることに気がついた。

相変わらず、穴が空くほどこちらを見ている。

怖い。すくみ上がるとは、こういうことか。

狭い部屋で全員に囲まれたじろいでいると「持って帰れ」と、先生が突然つぶやいた。

そのつぶやきを皮切りに、生徒たちが次々に口を開いていく。

「持って帰れ」「持って帰れ」「持って帰れ」「持って帰れ」「持って帰れ」「持って帰れ」

身の毛がよだった江美さんは挨拶もそこそこに、逃げるようにして帰ってきたという。

「完全に妻に対しての嫌がらせですよ。頭にきた私は、すぐに教室に電話をしました。でも、何回かけても呼び出し音が鳴るだけで、繋がらなかったんです」

相羽さんは、そこで諦めなかった。重かったが、人形が入った段ボールをどうにか車に載せ、一人であの忌々しい教室にのり込んだのだ。

エントランスにて、オートロックのインターホンで部屋番号を押す。が、何度押しても応答がない。

「あのときは、ブチ切れてましたからね。どうにかして、マンション内に入ってやろうと考えてました。留守にしていても、エントランスにいるコンシェルジュに全てをぶちまけて、あの人形だけでも置いて帰ってやるって。直接相手に苦情を言うのは、後日でもできますから」

住人が出入りするときに一緒に入ろう。そう考え待っていると、不審に思われたのだろう、男性のコンシェルジュから声をかけられた。

怪しまれてはいたが、相羽さんはこと細かに事情を説明した。

「そういう訳だから、車にある人形、人形作家の先生に返しといてくれないかな」

人形は重たいから車に載せてある。マンション前に車を停めてあるから、一緒に運んでくれ。

そこまで言い終わると、神妙な面持ちで話を聞いていたコンシェルジュが、口を開いた。

「変ですね。○○○号室は、ずっと空き部屋なのですが」

思いもよらぬ言葉を聞いて、相羽さんは驚愕した。

「マンションをお間違いでは」

そんなはずはない。持参した教室の案内書きを彼に見せると、住所はあっていた。

「コンシェルジュの方も、しきりに首をひねっていました。その男性、四年前からそこのマンションに勤務しているけど、その頃から誰も住んでいないと言い張るんです。部屋番号が違うのかと思い、マンション内に教室を開いている人形作家はいるかと尋ねても、聞いたことがないと……」

コンシェルジュが、わざわざ嘘をつくとも思えない。悪い予感がした相羽さんは礼を言い、その場をあとにした。

車に戻り、もう一度教室に電話をかけても呼び出し音が延々と鳴るだけで、やはり誰も出なかったという。

「狐につままれた気分でした。昨日、妻はどこに行ったのか。この電話番号はどこに繋がっているのか。さっぱり意味が分からなくて」

それよりも、トランクに載せてある人形をどうするか。

家に持ち帰るとなると、江美さんに訳を話さねばならない。

彼女がまた動揺すると考えた相羽さんは、その場でスマホを使いゴミ収集センターを調べた。粗大ごみの持ち込みは可能であったが、そのままネットで予約をすると四日後の受付になるとのこと。

仕方ない。あと四日はトランクに入れたままにするか。

江美さんは車の運転はしない。先方に突っ返してきたと嘘をつけば、しのげるだろう。

自宅へと戻ってきた相羽さんは車を車庫に入れ、嘘がバレませんようにと祈りながら玄関のドアを開けた。

すると上がり框の上に、少女の人形がいた。いや、人形と言っていいのか分からない。

目の前にいる少女は、息も絶え絶えといった様子で、土下座をしている。

呆気に取られてしばらくその場に立ち尽くしていると、江美さんが玄関にやってきた。

「そんなところでボーッと突っ立って、どうしたの……」

心配そうに声をかけてきた彼女を見て、相羽さんは「ああ、妻には見えていないんだな」

と、悟ったという。

そのあとすぐに少女は土下座姿のまま、すーっと消えた。

「それからも、度々私の前に現れては土下座をしていましたよ。肩甲骨が浮きでて、妙に痛々しかったから、今でもよく覚えています。おそらく、ゴミに出されたくなかったんでしょう」


それから四日後。

相羽さんは車のトランクに入れっぱなしにしておいたくだんの人形を、ゴミ収集センターに持ち込んだ。

それ以来、あの少女の姿を見ることはなくなったそうだ。

【時計標本制作の怪異】

遺品の行方

（正木信太郎）


「友達がいらなくなったというから、貰い受けたが自分も良いものだとは思わなかった」

怪異を扱っているなら、こういうものにも興味を持つだろうと、知人がある物をくれた。

それは、ひとつの標本箱。といっても、中に昆虫がピン止めされているわけではない。

テン輪、アンクル、ツメ石、ガンギ車、カナ、ゼンマイ、香箱、角穴車、丸穴車……。

こうした物が、昆虫採集よろしく接着されているのだ。

「すべて組み合わせると、アナログ腕時計になるそうだ」

そんな台詞と共に『時計の標本』を受け取ったのは、五年前のことだった。

「例の友達がちょっと不可解なことに見舞われてね、お前なら詳しく聞きたがるだろうと」

五年ぶりに再会した知人から、標本の制作者の家を訪ねないかと誘いを受けた。

知人曰く、二年前に『あること』があってから、素行がおかしくなってきたのだという。

その切っ掛けは自分の口からは説明できない、取材すればわかることだと知人はいう。

では、ぜひ都合をつけて欲しいと伝え、N氏宅へお邪魔する運びとなった。


「どうぞ」という声を機に入った部屋は、賃貸のがらんとしたワンルームだった。

下駄箱はなく、サンダルとシューズが一足ずつ。床の真ん中にせんべい布団が敷かれ、傍らには今日のために出されたと思しき二客の座布団。それ以外に目につくのは、隅にある製図クラフトテーブル。いわゆる、ガラストップのドローイングデスクというやつだ。そして、木製の袖机の上にはノートパソコンが起動している。掃除が行き届いていて、余計なものはなく、他に目を引くものはない。四方の壁一面に飾られた大小様々な時計の標本箱たちを除けば。


寝床にN氏が胡坐をかき、我々は来客用の座布団に腰を下ろした。

四面の時計のせいで、まったく落ちつかない。

聞けば、仕事はデイトレーダーをしているとのこと。客が訪問してくることなど滅多になく、もてなしの方法がわからない。無礼かも知れないが許して欲しいといわれた。

挨拶もそこそこに、本題に入る。

「では、まず私の趣味からご説明しないと、理解していただけないと思います」

N氏は、立ち上がると作業台へと促した。

「私の趣味は、こいつ経由で受け取ったものでわかると思います。で、この机が作業する場所です。ここに薄手の布を置いて部品が転がって落下するのを防ぎます。緩く傾斜のついたガラス板は姿勢が楽になるのですが、小さいものほどちょっとしたことで滑ってしまうので。あとは、下から明かりで照らして見やすくしてばらばらにしていきます。一通り終わると、標本箱に接着していきます。大きさ順に並べることもあれば、パーツの分類ごとに並べていく場合もあります。そこは理屈ではなく気分ですね」

デスクには、ペンケースが置いてあり、様々な形をしたピンセットの他にもピン抜き棒、バネ棒はずし、針取り器などが刺さっていた。どれもN氏がひとつひとつ丁寧に使い方を説明してくれる。それ以外にも、何に使うのか巻き尺や修正ペン、ニッパーが備えてあった。

しかし、やはり使用頻度は高くないのか、ニッパーは赤黒くさび付いていた。

「ずいぶん色々な道具を使うんですね」

「まぁ、何があるかわかりませんから。備えあれば……ってやつです」

N氏は、説明を続けた。

「標本箱は基本、壁に飾ります。ただ、面積に限界があるので、飽きたものは外して誰かに寄贈します」


一通りの説明が終わり、三人がそれぞれの席に戻った。

「というところで、二年前の一月に起きた話を聞いてください」

N氏が語った体験は以下のようなものであった。


それは、三が日を少し過ぎた、1月のある昼下がり。

N氏のもとに、珍しくひとりの友人が訪ねてきた。

彼は、懐から一本のアナログ腕時計を取り出して、これを買わないかと持ち掛けてきた。

一目で登山用だとわかった。分厚い革のベルト、頑丈なケースとラグ、ごつごつとしたベゼルとリューズ。耐衝撃性は申し分ないだろう。

ただ、気になったのは風防（文字盤を保護する透明なカバー）の状態だ。ひどく破損している。形状こそ保っているが、時間が読み取れないくらい、ひび割れていた。

手に取って「これは?」と問うと、拾ったのだという。

「見たことがないモデルだな。珍しいのか?」

「知らないのは無理もないことだ。時計屋がいうには銘はないが一点ものだそうだ」

一点ものの、ハンドメイド。つまりこの世でこれひとつしかないということだ。

二人でネットを駆使し、出自を探ったが明確なことはわからなかった。

ハンドメイドの時計を分解したことはほとんどない。N氏は故障していても良いから早く分解してみたいという欲求に駆られ、友人の言い値をネットバンキングから振り込み、時計を買い取った。


その晩。

作業台で黙々と高額で買い取った腕時計をばらしていった。

慎重にベルトを外し、裏蓋を開け、ゆっくりとムーブメントを本体から拾い上げていく。

「二時四十分か……」

風防の下から出てきた長針と短針。午前か午後かは不明だが、壊れた瞬間の時間だろう。

標本箱にすべてを接着し終えたのは、夜が明ける頃であった。これだけ没頭したのは、いつ以来だろうか。もしかすると、初めてのことかも知れない。

ぐぐっと背伸びをして机から立ち上がり、今しがた完成したばかりの標本を部屋の中で一番目立つところに飾る。

そこで急に襲ってきた眠気に逆らえず、ふらふらと布団に潜り込んで就寝してしまった。

異変が起きたのは、それから一週間後のことであった。

「いたっ！」

コンビニで昼食を買って部屋に戻ると、突然右足の裏に痛みが走った。

驚いて片足を上げる。小さな歯車がめり込んでいた。その軸が刺さったのだ。

あれから作業らしい作業はしていない。別の時計のパーツだとしても、それは絶対に箱の中だ。余計な部品が転がっているなどということは、あり得ない。

N氏は、それを机の上に置いて、壁に飾られた箱のひとつひとつをチェックしていった。

結果、標本に足りていないものはなかった。

では、あれは何だったのか。詳しく調べようと、台の上に視線を戻した。だが、そこにあるはずの足を傷つけた部品は消えていた。

床に落ちたのかと、這いつくばって探してみたが見つかることはなかった。

それから何日か、外から帰ってくると時計のパーツが落ちていて、いつの間にか消えてしまっているということが続いた。

幾日か経った晩。袖机のノートパソコンで動画を楽しんでいるときだった。

――がしゃん！

突然、何かが落下した音が部屋中に響いた。かなりの大音量だ。

反射的に顔を上げると、向かい側の壁に取り付けられた標本箱の中から時計の部品が全部消えてしまっている。どの箱も同様だ。慌てて駆け寄ると、接着が剥がれて箱の中に落ちていることがわかった。段々と気味が悪くなってきた。

N氏は逃げ出すように部屋を出ると、駅前のインターネットカフェに個室を取った。

それからすぐ件の友人に電話をして、「明日、家に来い！」と無理やり呼び出した。なんとか断ろうとする友人だったが、最後はN氏の尋常ではない剣幕に押されて、承諾した。

「いいか？　開けるぞ？」

すでに、友人には一連の怪現象を伝えてある。乗り気でない表情を隠そうともせず、友人は憮然と頷いた。N氏は震える手で、自室の扉を開けた。

「なんの変哲もないじゃないか？」

友人は呆れた顔になり、N氏は愕然としていた。

作品の標本がすべて元に戻っているのだ。慌ただしく部屋をあとにしたのはたしかだ。しかし、施錠しなかったわけではない。そもそも、忍び込んだ第三者が存在したとして、こんなことができるだろうか。

「いやでも、たしかに……」

「だって現にこうして」

口論を始めた、その時。

——がしゃん！

二人の会話に割り込んだ異音。四つの目玉が同時にその音源に向けられた。

それは、友人から貰った例の腕時計を分解した箱からだった。他の箱に異変はない。

貼り付けられているはずの部品がすべて、箱の中に落ちている。昨日の再現のようだった。

——かちゃ……かちゃかちゃ。

それらが浮かんだかと思うと、滑らかに箱の中心に集まっていく。

かちゃ…………かちゃかちゃ……かちゃかちゃかちゃかちゃかちゃかちゃかちゃかちゃかちゃ。

見る間に、パーツたちが組み合わさり、ひとつのアナログ腕時計が出来上がってしまった。

「おい！　見たか⁉　あんなことが連日のように起きたんだよ！　どうなってるんだ⁉」

「い、いや、俺は知らない！」

「あれを見ろ！　どう見たって普通じゃない。拾ったって言ったが本当はどうなんだ？」

「ほ……本当だ、旅先で見つけただけなんだよ。それをちょっと失敬して」

友人が消え入るような声で否定した瞬間だった。

一気に室温が氷点下に落ちる感覚に襲われた。事実、吐く息が白い。体が凍えるようだ。

「うわぁ！　なんだよこれ……なんだこれはっ！」

「なぁ、嘘だろ？　置き引きってだけで、こんな事が起きるか？　とても信じられん！」

友人の胸ぐらを掴んで、更に詰問を繰り返す。観念したのか、がっくりと肩を落とした。

「実は……実はな、ある自殺の名所で死体を発見したんだよ」

N氏は驚いて、友人から手を離した。彼は、どさりと尻もちをつくと俯いて続けた。

「ひと目で高価なものだ、金になると思った。そんな理由で通報もしてなくてな。祟られたっていうならそうなんだろう。きっと今でも野ざらしだと思う」

呆然とするN氏を尻目に友人は「悪いな」とだけいい残して逃げ帰ってしまった。

引き留めようと焦ったが、遅かった。

さて、これからどうするか。

真相を知った今、このまま部屋に留まるのは無理だ。自分もここから避難しようと、ドアに向き直った。

「ぐ……ぐあぁぁぁぁ！」

突然、右手首に激痛が走った。

一瞬で噴き出した脂汗が額を伝い目に入るが気にしていられない。

見ると、あの曰く付きの腕時計がはめられていて、今もなおぎりぎりと縮んでいっている。

いつの間に巻きついたのか。箱からどうやって出たのか。どう移動したのか。

だが、そんなことに気を回してはいられない。あまりの痛さに立っていることもままならず、膝をつき蹲《うずくま》ってしまった。

すでに右手はうっ血し、薄っすらと紫藍色に染まり始めている。

N氏は、ドローイングデスクににじり寄ると、そこにある巨大なニッパーを手に取った。

「うぐ……ぐ……うおぉぉぉぉ！」

まだ辛うじてあるラグとベルトの隙間に、手にした工具をすばやく滑りこませ、雄叫びを上げながら、力まかせに握りきった。

——ぶ…………っつ……。

鈍く湿った音が部屋中に響き渡る。と、同時にN氏は絶叫した。

「がっ……あぁ、うわあぁぁぁ！」

ぼとっと床に転がり落ちたのは、自分の人差し指だった。手首を締め付ける時計のバンドを切ったはずが、根本と第二関節の間、そこをざっくりと切り落としてしまったのだ。

その後、N氏は震える手で救急車を呼んだ。

病院に搬送され診断を受けたが、切断面が非常に粗く、接合手術をしても再接着は望めないということだった。医師の話では、ニッパー程度で指を切り落とすのは不可能に近い、余程異常な力が発揮されたのだろうということだった。

「それで、友人に問いただしたのですが、死体というのは左利きだったといっていました」

「あぁ、だから」

「えぇ、右手に……ね」

N氏は手首を押さえながら頷いた。

「遺物を分解したってことでしたが、それって拝見できますか？」

彼はすぐにかぶりを振った。

「いえ、申し訳ないのですが、友人に返してしまいました。お金も戻してもらって。聞いた話ですけど、組み直った腕時計は『持ち主』に返したそうです」

「そう……ですか」

「もう二年も前のことなので、断言はできませんが、その後はきっと発見されて弔ってもらっていると思います。あれ以来、何も起きていないので」

とはいえ、彼の右手がまだ痛々しい。

「こんなですから、腕時計を分解できなくなりました。いえ、やってできないことはないと思うんですけど、滑らかに作業することも含めて好きだったものですから」

彼はぐるりと部屋を見渡した。

「今はこうして、すべて組み合わせて飾っているだけです」

標本箱の中には、時計店のディスプレイのように腕時計が並んでいて、全部『二時四十分』を指して止まっている。あとから買い足したのか、箱には複数の時計がぶら下がっていた。

「たぶん……ですが、私は最初からずっと時計というものに憧れを抱いていたのだと思うんです。お二人はずっと落ち着かない様子ですが、この静けさがとても心地良いんですよ」

知人と顔を見合わせた。明らかに気もそぞろといった感じだ。

我々は、体験談を聞かせてくれたことに礼をいうと、N氏宅からお暇した。

「な？　奇妙な話が聴けたろう？」

閑静な住宅街。二人並んで歩きながら意見を交わしていた。駅まではまだ距離がある。

「あぁ、期待以上だった」

知人はどこか安堵した表情で話し続けている。

――かちっ……。

「それにしても、N氏の友人にも会ってみたかった。それと、問題の腕時計だな。一度、見てみたかった。たぶん、それは無理な話だろうけど」

――かちっ。

「何にせよ、俺も久しぶりにお邪魔したが、あんなに飾り物が変わっているとは思わなかった。以前は、それこそ博物館顔負けのコレクションだったんだがな」

「写真でもあればなぁ……」

それにしても。

――かちっ、かちっ。

「しかし、あれはもう騒音。音の暴力だよ」

――カチッ、カチッ。

「あぁ、部屋に入ってからずっと、四方の壁から秒針の大合唱とはね」

なぜN氏はあの大音量を静かだといったのだろう？

――かちっ、かちっ、かちっ。

「それは、おそ――kachikachi

「いや、で――かちっかちっカチッカチッかちっかちっかちっかちっカチッかちっカチッカ

チッカチッカチッkachikachiかちっかちっカチッカチッkachikachikachikachiかちっかちっ

カチッカチッkachikaかちっかちっカチッカチッkachikakachikachikachiかちっかちっカ

チッカチッかちっkachikakachikachikakachikachikachiかちっかちっカチッカチッ

kachikakachiかちっかちっkachikachiカチッkachiカチッkakachikachikachi………

【泣き声集めの怪異】

友の変貌

（夜馬裕）


バーで知り合った、恭輔《きょうすけ》さんという三十代後半の男性から聞いた話。

恭輔さんには、大学で仲良くなり、卒業してからも年に一、二回会っては乾杯する、長治《ながはる》さんという古い友人がいる。

酒好きで、あちこち飲み歩くのが好きな恭輔さんとは違い、長治さんは普段からほとんど酒を飲まない。一緒に飲みに行っても、ビールの中瓶一本すら飲み干せないまま、顔を真っ赤にするほど酒が弱かった。

ところが、お互いに仕事が忙しくなって、ほぼ二年ぶりに再会した長治さんは、目の前でビールの大ジョッキをあっという間に空にすると、平然とした顔で二杯目を注文した。

「いきなりそんなペースで大丈夫か？」と恭輔さんが心配すると、「実は最近、飲み屋通いしているせいか、すっかり酒に強くなったんだ」と長治さんは笑った。

かつては、「知らない人とは話したくないから、バーなんて絶対に行かないよ」と言っていた長治さんが、久しぶりに再会すると、一人で酒場巡りをするようになっていた。

不思議に思う胸の内が、恭輔さんの表情に出たのだろう、「おいおい、変な顔するなよ」と長治さんは苦笑いした後、「なあ、聞いてくれよ。お前だから言えるけど、実は俺さ、ここ一年半くらい、変な趣味にはまってるんだよね……」と、急に声を潜《ひそ》めて話しはじめた。


長治さんは、機器メーカーの営業マンだ。元々は大手企業の研究職に就いていたが、職務上のトラブルで会社を辞めて、現在の機器メーカーに就職。今では、人見知りである長治さんが苦手とする、営業職として働いている。

黙々とパソコンや図面に向かっていた生活から一転し、日々が競争の仕事にはなかなか慣れることが出来ず、外回りをしていても、ひとつ営業先へ寄るたびに疲れ果て、すぐに喫茶店で休憩をとるのが習慣になっていた。

その日も喫茶店でひと息ついていると、すぐ後ろのテーブルに座るカップルの会話が、何とはなしに耳に入ってきた。

「嫌だよ、あなたと絶対に別れない」「ごめん、でもこれ以上、どうしようもないだろ」

まさに、別れ話の最中である。長治さんは、思わず聞き耳を立ててしまった。

盗み聞きをするうちに、お互いが結婚している「ダブル不倫」であることがわかった。

しかも男は、投資で失敗、多額の借金を抱え、会社の金に手をつけてしまった。そんな彼を助けようと、女は借金までして穴埋めを手伝ったのだが、必死の偽装も空しく、会社に横領がばれて、男は少し前に解雇されたようである。

横領でクビになった男が、すぐに就職先を見つけられるわけもない。

仕事がないので、立て替えてくれた借金を女に返すことができない。それどころか、いったん遠方にある妻の実家で暮らすことが決まり、東京を離れることになってしまった。

男は「本当にすまない」と何度も女に頭を下げて謝っているが、女は「嫌だよ、別れたくないよ、それじゃ私は何のために借金したの……」と号泣している。

女は専業主婦なので、男がお金を返してくれないと、自力で借金を返済できない。

このままでは、旦那に借金と不倫のことが知られてしまう。

「もし、夫に捨てられて、しかも借金を抱えたまま、あなたが遠くに消えてしまったら、私はいったいどうすればいいの……」そう言いながら、女は顔を手で覆い嗚咽《おえつ》している。

男は「すまない、すまない」と繰り返し謝っていたが、やがて耐えられなくなったのか、呻《うめ》くような声で、ヒッグ……ヒッグ……と、女と一緒に泣きはじめてしまった。

強烈な話もさることながら、いい大人がどうすればいいかわからずに咽《むせ》び泣く声を聞いて、この新鮮な体験に、長治さんの気分は激しく高揚《こうよう》したという。

長治さんは以前、取引相手から口約束を反故《ほご》にされ、会社に大きな損失を出してしまうという苦い経験があり、それ以来、営業先との重要な会話はすべて、ICレコーダーでこっそりと録音するのが習慣になっていた。

その日もたまたま、上着のポケットには小型のICレコーダーが忍ばせてあったので、盗み聞きをはじめたあたりから、後で誰かに聞かせて、笑い話にでもしようという軽い気持ちで、二人の会話をつい録音してしまっていた。

泣き疲れた男女はそのまま喫茶店を去ったが、長治さんの昂《たかぶ》った気持ちはおさまらない。帰宅するとすぐ、我慢できずに先ほどの録音を聞き直した。

悲しいとか、寂しいとか、単純な理由で泣いているのではない。不倫、解雇、借金、別離。どうにもならず行き詰まった男女の感情が、決壊するかのように溢れ出た涙である。

そんな彼らの泣き声を聞いていると、自分の仕事の悩みや苦労などどうでもいいような気分になり、心に抱える苦痛がスッと消えるような爽快さがあった。

加えて、胸の内に火が灯るような、強い興奮も湧き上がってきたのだという。

その日から長治さんは、他人の「泣き声」を集めることに夢中になってしまった。

最初のうちは、もう一度同じような体験ができないかと、外回りの合間や、仕事の帰り道などに、あちこちの喫茶店に寄ってみたが、偶然隣り合わせた人が泣いていることなど、そうそうあるわけではない。

やがて泣き声を聞きたいあまりに、終業後や休日の時間のすべてを費やし、あらゆる場所を巡って泣き声を集めるようになった。

喫茶店やファミレスでは、待ち合わせの相手がいるふりをして入店する。店内を見回して、険悪そうだったり、深刻そうな雰囲気のカップルが居ないと、「すみません、待ち合わせの場所を間違えたみたいです」と謝りながら店を出て、すぐに次の場所へ向かう。

駅の周辺や公園なども、喧嘩をしたり、別れ話をするカップルが多いので狙い目だが、録音をできる距離まで怪しまれずに近づくのが難しい。そのぶん、うまく泣いている声が録れた時は大きな喜びがあった。

涙といえば葬式だろうとは思ったが、葬儀にうまく潜り込む自信がなく、また見咎《みとが》められてトラブルになることを考えると怖くなり、これは滅多に実践しなかった。

手堅いのは、子連れ家族の集まる場所だった。ファミリー向けのショッピングモールを一日巡れば、親に怒られて泣いている子どもに必ず数回は出逢う。

ただ、子どもは自己主張のために泣くので、いまひとつ真剣味というか、涙に対する本気度が足りない。それでも新しい泣き声が定期的に集まらないと不安になるので、家族連れの集まるエリアは、収穫が少ない時の保険としてずいぶんと重宝した。

そして、どこよりも泣き声が集まるのは、酒を飲む場所であった。

普段飲まない自分からすれば驚くほど、人はお酒を飲むと感情が剥《む》き出しになる。

それまで穏やかだった会社の同僚たちが、胸倉を掴むような喧嘩をする。微笑み合っていた恋人同士も、気づけばいつの間にか別れ話になっている。元気そうに笑っていた人が、仕事や恋愛の悩みを吐き出し、涙ながらに友人へ語りはじめる。

これまで付き合いでしか酒を飲まなかった長治さんだが、酒場で泣き声を聞きたい、録音したいという欲求には勝てず、一人でも入りやすい大衆酒場からはじめて、慣れてくると次第に繁華街のバーやスナックにも通うようになった。

次に学んだことは、運まかせで泣いている人を見つけるよりも、自分で泣かせたほうが、はるかに効率が良い、ということだった。

知らない人と話すのが得意ではなかったが、そのぶん長治さんには、自分の話を聞いてほしい、という自己主張がない。そもそも会話目的で店に来ていないので、他人に聞いてもらいたいとも思わない。そういう穏やかな受け身の雰囲気が良かったのだろう、何度か同じ店に通っていると、自分語りを聞いて欲しい人が、向こうから話しかけてくるようになった。

ある時、バーで横に座った女性の悩み話に、うんうん、と優しく相槌《あいづち》を打っていると、肯定された、わかってくれたと安心したのだろう、酔いも手伝って大泣きをしはじめた。

これはいい、と思った。

それからは積極的に人の話を聞いて、できるだけ悩み事の相談に乗るようにした。話を聞きながら、相手の感情をいかに高めて、感情を溢れさせ、泣かせるかを懸命に工夫するうちに、人との会話が苦手だったはずの長治さんは、話し上手、聞き上手と、あちこちの酒場で人から好かれるようになっていた。

酒が弱かったはずなのに、いつの間にか焼酎をロックで飲めるようにまでなっている。会話に苦手意識がなくなったからだろう、それまで馴染めなかった職場の同僚からも好意的に接してもらえるようになり、営業先でも良い結果が出るようになった。

人の泣き声を集め、興奮しながら聴くなど、とても褒《ほ》められた趣味ではない。それでも、自分が確実に変わっていくのを感じると、泣き声収集をやめる気にはなれなかった。

長治さんはスッキリとした顔立ちで、背も高く、見た目は決して悪くない。会話が上手くなるにつれ、酒場で出逢う女性から、好意を寄せられることも多くなってきた。

とはいえ、欲しいのは涙であって、恋愛ではない。

当初はアプローチされてもまったく相手にしなかったのだが、最も簡単に泣かせることができるのは自分の恋人だと気づくと、長治さんは自分に好意を持つ女性の中で、とくに感情の起伏が激しい、知佳《ちか》さんという年下の彼女と交際をはじめた。

以前に恋愛した時は、相手に強く想いを寄せていたので、感情に振り回され過ぎてしまい、精神的にぼろぼろになった辛い経験がある。でも、今回は目的が違う。

もちろん相手を嫌いではないが、大好きというわけでもない。完全に自分のほうが相手の感情をコントロールできるので、長治さんは初めて、女性と付き合うことが楽しいと思えた。

知佳さんの話を、まずは全部優しく聞いてあげる。

「無理はしなくていいよ」「何もできなくていいんだよ」「諦めることも大切だよ」と繰り返し言い含めて、悩みを聞くふりをしながら、知佳さんの気力を徐々に削いでいく。

知佳さんがやる気や自信を失くしてきたところで、「だからダメなんだよ」「君は本当にアタマが悪いね」などと、今度は少しずつ負の感情を植えつける。

優しく接するふりをしながら、相手の心に無力感や自己否定を沁み込ませていく。そうやって、慰めたり、叱ったり、励ましたり、侮蔑したりを続けるうちに、知佳さんはいともたやすく泣いてくれるようになった。

自分のせいで知佳さんが涙を流す度に、長治さんは激しく気分が昂った。そして、隠し録りした泣き声を後で聞いては、その時の高揚感を何度も味わって過ごすようになった。

「もちろん、恋人の泣き声だけでは飽きるから、彼女と付き合いながらも、定期的に酒場には通っているし、休日にはあちこちに行って、新しい泣き声を集めているんだけどね」

長治さんは、そうひとしきり近況を報告すると、少し照れたようにはにかんだという。


話を聞いた恭輔さんは、この二年で友人がすっかり変わったことに驚いた。

人の泣き声を集めるなんて、正直なところ悪趣味だし、恋人との関係もDVじみていて嫌悪感がわく。それでも、学生時代から奥手だった友人が、すっかり前向きになって、元気そうにしているのは喜ばしいことではある。とりわけ、二年前の悲劇を思えばなおさらだ。

楽しそうに泣き声集めの話をする友人を見て、恭輔さんは少しでも理解することができればと思い、「試しに自分にも聞かせて欲しい」と頼んでみた。

友人が異常な情熱を傾けて集めたものである。断られるかとも思ったが、長治さんは予想に反して「いいよ」と気軽に返事をすると、鞄からＩＣレコーダーを取り出し、イヤホンをつなげて恭輔さんへ渡してきた。

そして、「ごめん、お腹痛くなってきたからトイレに行くよ。データはバックアップをとってあるから遠慮せずに聞いてくれ」と言い、下腹をさすりながら長治さんは席を立った。

レコーダーのスイッチを入れると、小さな液晶画面には、日付順に録音リストが並んでいる。ファイル名はすべて日付なので、見ただけでは内容の区別がつかない。リストをスクロールしながら、数か月前のファイルを適当に選んで再生してみると、早速、男が号泣する声が聞こえてきた。

——あれっ?

急いで、別のファイルを再生する。やはり、男が号泣している。

——おかしい。

さらに別のファイルを再生すると、さっきと同じ男が激しく嗚咽している。

どのファイルを開いても、すべて同じ男が泣きじゃくっている。

——ぜんぶ、あいつじゃないか。

どの録音を再生しても、長治さんの泣き声ばかりが聞こえてくる。

いろいろな場所で録音されたのは確かなようだ。近くには、他の人間が居るのもわかる。

ただ、どの録音でも、長治さんは誰かに叱られ、怒られて、延々と泣いている。

相手は同じではない。ざっと聞いただけでも、職場の同僚らしき人間に「お前は無能だ」と罵声《ばせい》を浴びせられたり、酒場らしき場所で「本当につまんねえ奴だな」と周囲の人間から馬鹿にされたり、女性から「急に口説いてこないでよ、気持ち悪い」と言われたりしている。

いろいろな場所で、さまざまな状況で、人から責められて号泣する長治さんの泣き声が、レコーダーの中には何十件も収められているのだ。

すでに十分以上経っているが、長治さんはまだトイレから戻ってくる気配がない。

恭輔さんは気味悪く思いながら、先ほど話に出てきた、最初の録音を探してみた。

最も古い録音は、二年前のファイルであった。何やら、嫌な予感がする。

再生すると、喫茶店らしき場所で、男と女が会話をしている。確かに長治さんの話通り、互いに結婚している不倫のカップルが、行き詰まった状況を苦しそうに話している。

男は職場を解雇されて、女は借金を抱えて身動きがとれない。経済的に切羽詰まり、しかも互いの配偶者には不倫がばれかけており、このままでは大変なことになる、どうしよう、別れなくては、いや別れたくない、そんなことを言いながら、二人はめそめそと泣いている。

――こんな裏事情があったのか……。

恭輔さんは、初めて二年前の出来事に得心がいった。

話している男は、やはり長治さんである。

どういう心持ちで、自分の会話を録音したのかはわからない。もしかすると、これが最後の逢瀬になると思って、恋人との会話を記念に録ったのかもしれない。

二年前、長治さんは職場のトラブルが元で解雇されてしまった。

ほぼ時を同じくして、彼の奥さんが自宅で首を吊って亡くなった。

葬儀の時、ただでさえ痩せている長治さんが、生気もなく、ガリガリになっているのを見て、酷く心配したのを覚えている。

お悔みを伝えると、長治さんは顔をぐっと近くに寄せて、「実は僕の大切にしていた人が、もう一人亡くなってしまったんだ……」と、独り言のように囁《ささや》いた。

当時は意味がわからなかったが、今ならよくわかる。

たぶん、互いの家庭が崩壊する泥沼の不倫劇の末、長治さんの妻も不倫相手も、どちらも亡くなってしまったのだ。

生き甲斐だった研究職を解雇され、妻を失くし、借金を負わせた恋人まで命を絶った。

元気になったんじゃない。長治さんはこの二年で、完全に壊れてしまったのだ。

時計を見ると、もう二十分は経っているのに、まだトイレから戻らない。

果たして、知佳さんという恋人は、本当に存在しているのだろうか。

恭輔さんは震える指で、今度は一番新しい録音ファイルを再生した。

やはり長治さんが、大声をあげて泣いている。

すまない、すまない、そう繰り返しながら、おいおいと泣き続けている。

その近くで、女が笑っている。

ケラケラケラケラと、楽しそうに、どこか小馬鹿にしたように延々と笑い続けている。

それも一人ではない。おそらく二人。

すまない知美《ともみ》、すまない佳代《かよ》、長治さんは何度もそう言いながら謝っている。

知美と佳代。なるほど。だから、知佳。

恭輔さんは、レコーダーの電源を切って机に置いた。

頭が混乱している。どうすればいいのだろう。

気配がしてふと顔を上げると、長治さんがいつの間にか席に戻っていた。

そして、「どうだった？　なかなかのコレクションだろ」と無邪気な顔で笑っている。

心の中で、何かが破裂した。

恭輔さんは我慢できなくなり、「お前、いい加減にしろっ！」「こんな気持ち悪いことすぐにやめろ！」と、長治さんに向かって大声で怒鳴ってしまった。

すると、長治さんの顔がくしゃっと歪み、突然、うう……、ひっく……、と泣き出した。

ただ泣きながらも、手元のレコーダーのスイッチを入れ、録音開始のボタンを押している。

いくら恭輔さんが、「おい！　録音やめろ！」と言っても、それに反応するように、長治さんはますます大声で泣きじゃくる。

五分ほどそうしていただろうか。急にスイッチが切れたようにピタッと泣き止むと、長治さんはニヤリと笑いながら手元のレコーダーを振って、「まさかお前が泣くところを録れるなんて思わなかったよ」と嬉しそうに言った。

もはや、何も言い返す気になれない。それでも、気になっていたことを訊いてみた。

「なあ、恋人の知佳さんって、どんな顔してるんだ？　写真とかないの？」そう恭輔さんが言うと、長治さんは「あるよ」と笑顔で返事をして、スマホの画面を見せてきた。

長治さんが描いたのだろうか。ひとつの身体から、頭が二つ生えた女が、下手くそな絵でメモ用紙に落書きされている。

「結構、美人だろ」と嬉しそうにスマホを見せてくる長治さんに対して、「本当だな……」と重く頷《うなず》き返すほか、恭輔さんは他に言葉もなかった。

その日から、一度も長治さんとは会っていない。

メールはやりとりは、時々する。長治さんは相変わらず知佳さんと付き合っているようだし、泣き声の収集も続けているようだ。ＳＮＳには、楽しそうな暮らしぶりを投稿している。

でも、実際に会うのは怖い。

あの晩、スマホの画面に写る絵を見せられたとき、すぐ近くで、女の笑い声が聞こえた。

「気のせいなんかじゃない。確かに聞こえたんです。それも、二人分の笑い声が……」

恭輔さんは、暗い表情のまま、そう話を締め括った。

第二章

妖の怪異

【架空鉄の怪異】

理想郷に捧ぐ

（正木信太郎）

「乗り鉄や撮り鉄は有名ですよね。知っている人も多いと思います。でも、僕はマイナーな少数派なんです。えっと……『架空鉄』ってご存じですか？」

そういってD君は取材のために押さえた小さな貸し会議室の卓上に新聞紙大の紙を広げた。

「これは？」

「僕が自分で作った地図です」

パソコンのデザインソフトで作成された地図のようだ。丁寧に色分けもされていて赤や青で国道や県道が記されている。他にも小学校で習うランドマークや学校、寺社仏閣の地図記号が所狭しと並んでいる。

「何か気がつきませんか？」

問われたが首をかしげることしかできない。

「普通の……どこかの街の地図ですよね」

「わかりませんか……自然に見えるということですね。だとすると嬉しいです。実はこれ、架空の街なんです」

「え？」

いわれて視線を戻した。細部にまで気を配ると、表記がおかしい点に気がつく。

国道は９００号線など存在しないし、『市営第二中学校』など有り得ない。

「そうか。道路や住宅の区画切りはともかくとして、この地図には実在する地名や建物が何ひとつとしてないですね。それでしっくりこなかったのか」

「正解です。で、この架空の市の中央を走っている路線、これがメインです」

彼は人差し指で上から下に地図上の線路をなぞっていく。目線が誘いにのった。

「『架空鉄』というのは、このような空想上の鉄道を作る趣味なんです。もちろん、これも細分化されていて、実在しない列車の模型を作るのが好きだったり、鉄道会社を妄想で運営したりする人がいたりします」

なるほど。そして彼の場合、鉄道周辺の地理までも拘って作りこむタイプのようだ。

「でも、いくら架空といっても実物を知らないと現実とかけ離れ過ぎたものが出来上がるので、『基礎は大事』『経験に勝るものはなし』という意味で、『乗り鉄』でもあるんですよね」

そんな彼には何度か不思議な体験があるそうだ。


彼が初めて怪異に遭ったのは、今から十年前の春先のことだ。

その日、D君は田舎の電車に乗っていた。

東京ではまずお目にかかれない一両編成。天井には季節になると活躍するであろう回転する扇風機が取り付けられている。窓は両端の洗濯ばさみのような摘まみを閉じて上げ下げするタイプで、これも都会の列車では消えかけているものだ。

車内には三十絡みの男性が自分と同じシートの逆端に腰掛け、向かいには行商であろうか、大きな荷物を脇に置いた老婆がひとり静かに座っている。

やがて電車は無人のホームに入り停車した。が、誰も降りる気配がない。

こうした場合、ドアは開かない。なぜなら、降りる人は自分でドア横の開閉ボタンを押して降車するシステムだからだ。乗ってくる人もいないとわかっているので、運転手兼車掌が開扉することもない。

誰一人話さない静寂な車内に発車を告げるアナウンスが流れる。

そして、ゆっくりと車両が動き出した。

その時D君は、こちらを向いてホームに佇む少年に気がついた。

――見送りか？

誰に聞かせるわけでもなく口の中でつぶやいた。

しかし、すぐに考えを改めた。ドアは閉じたままだ。新たな乗客はいなかった。

では、この子どもは何の目的でここに居るのだろうか。

麦わら帽子をかぶり、白のタンクトップとデニム生地の短パン。光の加減なのか、肌がひどく日に焼けているように見える。

まだ夏には遠い。それなのに夏の風景写真から出てきたような出で立ちである。

電車がゆっくりと動き出した。すると突然、少年がホームを走りだした。身体を電車と同じ進行方向に、満面の笑みをこちらに向け、右手を激しく振りながら電車と並走している。察するに、中にいる誰かに別れの挨拶をしているのだろう。

だが、それに応える者はいない。

向かいに座る老婆は居眠りをしているのか目を閉じてゆらゆらと船を漕いでいる。明らかに手を振られる対象ではないだろうか。

そして、男性は少年に気が付いているようだが、不思議そうに少年を見つめているだけで、明らかに他人同士だ。

もちろん、自分だってこの少年に見覚えはない。

ふと、男性と目があった。少年を指すと、『知らない』とでもいうように軽く頭を振った。

電車は見る間に加速していく。少年も笑みを浮かべながら合わせてスピードを上げていく。

次の瞬間。

ホームは途切れた。

が、しかし少年は今までと同じように手を振り走っている。

D君と男性は呆気に取られた。

それは次の駅まで続き、車両がホームに差し掛かると同時にすうっと消えた。


「これが最初の不思議な体験でした。それを皮切りに、Y線で半透明な乗客を目撃したり、T線で轢死体が笑いかけてきたり、H線で天井からぶら下がる人に肩を掴まれたりと、変なことが続いたんです」

だが、今回聞いて欲しい話はそれらではないのだという。

「あれは……そう、四年前の七月のことでした」

初めて怪異を体験したときと同じように、一両編成の電車に乗っているときのことだった。

このときの目的は、単線沿いの地形の調査。そして改札や車内の構造を勉強するためだった。リアリティーのある地図づくりには、実際に乗ったときの雰囲気を感じることが不可欠で、そうした空気感をものにするためにわざわざ出向くのだ。

宿泊しているホテルをチェックアウトして始発駅まで歩く。駅に着いて改札横の券売機で終点までの切符を購入する。

そのまま改札へ行き、駅員に乗車券を確認させ、ホームへと進み電車に乗り込んだ。

D君は改めて、周囲を注意深く観察した。

片側の窓はすべてカーテンが下げられていて、陽の光を見事に遮断している。

運転室では、自分より少し年上に見える運転手が出発の準備だろうか、何やら慌ただしく点検作業をしている。そして、地元企業の広告がずらりと吊るされた天井。

通勤・通学の時間帯を外した成果か、乗客は自分以外誰もいない。

D君はロングシートの真ん中に陣取り、発車ベルが鳴るのを待ちながら、スマートフォンのカメラで車窓の風景を動画に収めた。

別の乗客が乗ってきたのはふた駅ほど過ぎた頃だった。

十代後半の男性がひとりと買い物袋を持った四十代くらいの女性たちが一組。男性はロングシートに座るなり鞄から文庫本を取り出して読み始めた。一方、女性たちはおしゃべりに夢中で腰掛ける様子がない。

その後、人っ子一人乗ってはこなかった。

そして、終着駅から数えてひと駅手前のホームが運転室のフロントガラス越しに見えてきたときだった。

『次は閂《かんぬき》地蔵《じぞう》前《まえ》、閂地蔵前に停車します。お忘れ物のないよう……』

無機質な録音された女性の声でアナウンスが流れる。

D君は、その声を信じられない気持ちで聞いていた。

なぜなら、次に停まると告げられた駅の名前は、D君が考えた架空の名前だったからだ。

偶然『同姓同名』になる可能性すらないように配慮したはずだ。たとえば『東京駅前交番横商店街入口』という感じで、すべて出鱈目に付けていた。しかも、インターネットの完全一致検索で重複がないことも確認するという念の入れようだった。

あれこれと考えているうちに電車がホームに入り停車した。

どの乗客も降りようという仕草はない。ホームには人影はなく、新しく乗ってくる者もいない。

次に視線を動かしたとき、彼は思わず息を呑んだ。

外に広がっている景色は、彼が妄想した通りの風景だったからだ。

理想的な侵入防止用の石造鉄道柵、思い描いていた線路に並走する細いアスファルトの道路、その向こうに広がる田園風景。そしてその中に建てられた路線の乗客に向けられて並べられた巨大な看板の数々。

驚いて他の客の反応を窺うと、読書好きの男性客は本から目を外し、呆然と外を眺めている。会話がまったく途切れなかった女性二人組は、不気味なくらい静まり返ってしまっていた。自分以外はおそらく地元民のはずだ。ならば、この異常事態に気が動転するのは当然だ。

つまり、自分の白昼夢ではないのだ。他の誰かも見ているというなら、現実に違いない。

そのとき、彼の頭にひとつの考えが浮かんだ。

――ここで降りたらどうなるのか？

乗降する者がいなかったのでドアは開いていない。

彼はにわかに立ち上がり小走りで出口に立った。

すぐ横、自分の肩の高さにある開閉ボタンの『開』を勢いよく押してドアが開く……はずだった。だが、目の前でぴしりと閉められた扉は一ミリも動こうとしない。

かちっ！　かちっ！　と壊れるくらい強く何度もボタンを押すが作動することはなかった。

彼は「故障してる！　開けてくれ！」と怒鳴るつもりで運転室に視線を移したその瞬間。

あの始発駅でせわしなく動いていた運転手と、ばちりと目が合ったのだ。

変だった。このタイミングなら、運転士はホームに出て発車ベルを鳴らしているか、あるいは運転席に座りマスコンに手を掛けているはずだ。

それが車内を向き、無表情でこちらをじっと見ている。

そして……にやりと笑ったのだ。

次の瞬間にはまた感情のない顔に戻り、正面に向き直ってしまった。

そのまま、発車前の指さし確認を始めた。

ほどなくして電車は動き始めた。発車したのだ。

田園の看板がどんどん遠ざかっていく。D君は急に疲れを覚え、近くのシートに倒れこむように腰を落とした。

終点駅に到着してすべてのドアが一斉に開けられた。

——あれ？

疲れた顔で降りてきたのは、五十代半ばの男性運転士だった。

では、始発駅で忙しなく右往左往していた二十代後半の、あの運転士はどこにいってしまったのか？

——いやいやいや！

D君は、かぶりを振った。今はそんなことを気にしている場合ではない。

時刻表を見ると折り返し電車は一時間以上も先だ。それでは遅すぎる。

D君は、どたばたと大きな足音をたてながら改札に走った。

途中、狼狽えながらどこかに携帯電話で連絡を取る男性がいた。それを横目に同乗していた女性客たちが運転士に騒ぎながら詰め寄っている。彼らも異常を訴えているのだろう。

乱暴に切符を手渡すと駅のロータリーに出て左右を見渡す。

探したのはタクシーだった。終点駅だというのに、一台も影が見えない。

——待つか？　だめだ！

他に方法はないかと辺りを見回した。

すると、駅に併設された土産物屋にレンタサイクルがあるのを彼は見逃さなかった。

すぐさま借りる手続きを済ませると、全力で『あの駅』に向かってペダルを漕ぎだした。


——あぁ、やはりだめだったか……。

目的地を視界に捉えたとき、自転車を漕ぐ速度が段々と遅くなる。そして、がっくりと肩を落とし、上下する背中を御せないまま、顔から滴り落ちる汗がアスファルトを湿らせていくのを、ただただ残念な思いで見つめ続けるしかできなかった。

そう。『あの駅』は跡形もなく姿を消していたのだ。

「これが一番印象に残っている怖い体験でした。あれ以降、異常は起きていません」

卓上に広げられた地図。その一点を人差し指でとんとんとタップしながら、彼は続けた。

「ここなんですよねぇ……」

どうやら彼は、『今話したことはここが舞台だ』といっているようだ。

「この辺で自作の駅名がアナウンスされて、終点で降りて、この道を引き返して……」

彼の指が地図上で南から北に動きながら説明していく。

「つまり、自分の空想が現実に現れた……と？」

「はい、そう思っています」

「念を押しますが白昼夢……ではなかったということですね？」

「だとすると、これの説明がつきません」

自前の絵図の上、怪異の現場だったという駅に、彼はスマホをこちら向きに置いた。

覗き込むと、車内から撮った写真が表示されている。手前には一本の道路が左右に走り、奥は畑が一面に広がり農作物が植えられている。その先には民家がぽつりぽつりと建っていて、いかにも田舎の一場面を切り取ったかのように思えた。そして一番目を引くのは、畑のあぜ道にそびえる巨大な野立て看板。

「ここ。わかりますか？」

彼は画面を親指と人差し指で摘まみ、ぐぐっと拡大していく。

すると、画面は野立て看板にズームしていく。それは、立ち並ぶ看板の中でも異彩を放つアニメの広告であった。

「このタイトルでネット検索してみてください」

促されるまま、自分のスマートフォンを取り出して、検索を試みた。

――タイトルがヒットしない。

「やっぱりそうですよね。それが当然です。だって、僕が考えた漫画なんですから」

画面はとても意図的に加工されているようには見えない。

つまり、彼の頭の中だけにある風景と合致しているということなのだろう。

「どうにかして降りたかったですね。……残念です」

さも悔しいという顔で彼は地図に視線を落とした。

「いや……それはどうでしょうね」

「というと？」

「もし、本当にそれがD君の作り出した架空の街だったとして、そんなところに降り立ったが最後、帰ってこられる保証はないと思うんですよ。怪談や都市伝説にはそういう話がたくさんあるんです」

「それは僕も知っています。だから……」

そういうと、D君は不意に顔を上げた。直前の表情が嘘のような笑顔で。

「だから、この地図を作り直している最中なんです。帰れなくなっても良いくらい、自分の都合の良い理想の街を作り上げておけば、何の問題もありませんから」

彼は今、より一層趣味に没頭している。

【スワッピング愛好家の怪異】

見学者

（若本衣織）


「いや、これを趣味って言っちゃ怒られると思うんだけどさ」

そう切り出した倉田《くらた》さんの人に言えない趣味は、「スワッピング」だという。元々夫婦揃って性的好奇心が強いタイプであり、そもそもの二人の出会いさえもハプニングバーだった。

「本来なら夫婦を交換してセックスするのがスワッピングなんだけど、最近は単独男性や単独女性、見学だけの夫婦とか色々参加者が増えちゃって。スワッピングなんていう耳障りの良い言い方してるけど、言っちゃえば乱交パーティーだし、後ろ暗いことが多くてさ」

元々はハプニングバーが彼らの主戦場だったのだが、近年は警察の目が厳しく、仲間たちが捕まったという話もそこかしこで聞くようになった。またその日の客の入りによって「ハプニング」の質も左右されてしまう上、利用料金もなかなか高額である。

行き場を失った倉田夫妻が拠り所としたのが、インターネットだった。最近は専ら同好の士が集う掲示板で参加者を募って、パーティーを開催するのが主流となっている。

「僕たちが使っている掲示板はスワップの主宰回数によってランクが上がるシステムがあるから、回数こなしている人がイベント予定を立てると、単騎の女の子も安心して参加してくれるんだよね」

広くて綺麗なホテルのパーティールームを確保するために、参加料金も少し高めに設定されている。夫婦、もしくはカップル参加の場合は二人で八千円、見学だけの場合は男性五千円、女性は千円、単独女性の場合は参加費が無料、そして単独男性となれば参加費一万円だ。事前にペイパルで料金を決済し、参加人数の確約を取る。もしも見学者の気持ちが高揚し、急遽「参加」となる場合は、その都度現金決済というシステムを取っていた。


その日も倉田夫妻主宰でスワッピングパーティーの予定が作成されると、あっという間に参加者枠が埋まったそうだ。参加予定者の名前は、もちろん全員が仮名である。中には何度か体を合わせたことがある「顔見知り」もちらほらいたものの、それでも半数以上は初参加だった。単独参加も数名手を挙げている。参加者のリストを男女ごとに分けながら人数調整を行っていると、『見学参加』を希望した中に見知った名前があった。「両刀のケンちゃん」だ。

両刀のケンちゃんは、そのサイトの中では有名人だった。彼はパーティー開催の書き込みを見付ければ、毎回『見学参加』で書き込みをし、料金もきちんと支払う。しかし、一度たりともパーティーに姿を現したことがないのだ。実際、当日に尻込みしてドタキャンをしたり、連絡すら寄越さずに無断欠席する事例は頻繁にある。参加料金は返金をしないという確約の元で事前決済するのが暗黙の了解である上に、見学希望では男女比率には影響が無いため、「ケンちゃん」が殊更厳しく責められたり、締め出されたりすることもなかった。

「ケンちゃん」は掲示板創設時からの最古参メンバーであるのに、誰も実際の姿を見たことが無いという伝説的な存在である。雑談掲示板やスワップのレポートスレッドには度々顔を見せてはいるが、書き込み内容も紳士的なので別段誰も気に留めなかった。もっとも、主催者によって「ケンちゃん」への思いは様々で、度重なる当日不参加を許せないと憤る者もいれば、参加はせずにお布施だけ寄越してくれる紳士だと、その存在を有り難がる者もいた。

そんな「ケンちゃん」が、倉田夫妻のイベントに見学として初参加するのだという。

少なくとも、インターネット越しの「ケンちゃん」は、とても紳士的だったそうだ。

『当日、なるべく欠席とかは無いように、お願いしますね』

倉田氏が念押しのために送ったメール連絡にも、

『大丈夫ですよ　色々噂はありますが、僕、無断キャンセルをしたことはないですから』

「ケンちゃん」は快活に答えたという。

噂通り、今回も「ケンちゃん」はきちんと料金を支払った。倉田氏は開催日時と場所、そして「当日キャンセルのため」万が一の連絡先として、倉田さん自身の電話番号を伝えた。


イベント当日、やはりケンちゃんの姿は無かった。倉田さんは事前の遣り取りを思い出して残念に思いながらも、参加者たちとの交流の中で、すっかり彼のことを忘れてしまった。

パーティーが始まった。部屋は照明を落とし、参加者たちは思い思いの相手の腕を取る。互いの輪郭がぼんやりと分かるくらいで、あとは吐息と嬌声と粘ついた水音しか聞こえない。

倉田さんも単独参加の女性の手を取ると、空いているスペースへと移動する。途端に、舐めるような視線が突き刺さる。見学のみの参加者が、今回も数名いたのだ。

女性と絡み始めて、すぐに妙なことが起きた。何者かの指が倉田氏の背骨をなぞるかのようにスーッと触れたのだ。驚いて振り返ると、そこには倉田氏を見つめる見学者の鼻先があった。仕切り直して女性の身体に向き直れば、今度は臀部を力強く叩かれた。

（こいつ、何のつもりなんだ）

倉田氏がまごまごしているうちに、横から別の男性が単独女性の身体に腕を伸ばしている。置いていかれまいと、倉田氏は再び彼女に向き直った。

その直後だった。今度は肛門に鈍い痛みが走った。何者かが、自分の肛門に指を突っ込んでいる。倉田氏は異性愛者であったが、そんなことより、一言も無しに人の身体に触れる無礼さに腹が立った。そもそも見学者は無断のお触りが厳禁のはずだ。

「ちょっと！　あんた、いい加減に――」

怒り心頭で振り返った先には、虚空が広がっていた。先ほどの見学者は、いつの間にか別の場所へと移動している。肛門に再び痛みが走る。明らかに、二本目の指が入ったような感覚だった。倉田氏は叫びだしそうなのを抑えながら、慌ててトイレに駆け込み、電気を点けた。尻を押さえたトイレットペーパーには、僅かに鮮血が付着していた。


「その時は、何だか分からなくて完全に萎えちゃったんだよね」

倉田さんが主催のパーティーだというのに、吐き気と震えが止まらず、結局その日はトイレから戻ることができなかったらしい。参加者たちは頻《しき》りに心配をしてくれたものの、倉田さんが自身の奇怪な体験について、他の者に訊くことはできなかったそうだ。

「俺もあの恐怖が忘れられなくて、暫《しばら》くはパーティーどころか、嫁とすることだって儘《まま》ならなかったんだよ。でも、いつまでもサイトに顔出さないと忘れられちゃうから、随分遅くなったけどパーティーの非礼を詫びようと思って掲示板を覗いたんだよ。そしたらさ……」

そう言って、倉田さんが見せてくれたのは、例のサイトの掲示板だった。彼が作ったスレッドには、参加者たちが当日の感想を思い思いに書き込んでいる。書き込みを遡っていくと、「両刀のケンちゃん」の名前があった。

【いつもは見る専でしたが、今回はどストライクで好みの方がいらっしゃったので、こっそり交じっちゃいました。ありがとうございました】

「もちろん、ケンちゃんは出入り禁止にしたよ。触ったくせに追加料金も払わないでバックレた形になるからね。マナー違反だよ」

ただ倉田さんの携帯電話には、時折「非通知」の着信が残るようになったという。

【空き缶コレクターの怪異】

泣きぼくろ

（しのはら史絵）


「あんときなあ、俺が見せなければって、今でも後悔しているよ」

ＰＣの画面越しのＳ氏はそう話すと、盃についだ酒をぐいっと飲み干した。

今回の取材はＺＯＯＭを使用。八十坂《やそさか》にかかるＳ氏のご子息の協力により、実現したのだ。

「今でもよく覚えてる。あれは俺が四歳のとき、終戦の翌年だった」

東京の渋谷区富ヶ谷で生を受けたＳ氏には、七歳上の兄がいた。

読者諸兄姉もご存じの通り、当時、特に東京は物資や食料が非常に不足している状態であった。父はわずかばかりの賃金で働き、母はその日食べる食料の調達で忙しかった。

必然的にまだ四歳であったＳ氏の面倒は、兄が見ていたのだ。

相撲に虫捕りにチャンバラごっこ——。兄はまだ幼い弟がしたいという遊びには、全てつきあってくれた。遊び疲れたと言えば、すぐにおんぶしてくれ家路についた。

今でもその温かい背中の温もりを思い出すと、S氏は懐かしむように頬をゆるめた。

「俺の面倒をみるために、学校を早退してくれてね。兄も本当は友達と遊びたかったろうし、もっと勉強もしたかったと思う……本当に家族思いの優しい兄だったんだ」

家計のことも心配していた兄はある日突然「いい小遣い稼ぎを見つけた」と、空き瓶を何本も拾ってきた。米兵が飲み終わったあとのコカ・コーラの瓶である。

その頃、現在の代々木公園一帯は米兵将校用住宅ができたばかりであった。広大な敷地の中には、学校、教会、商店、更には劇場までもあり、一つの街と言っても過言ではない住宅地一帯は〈ワシントンハイツ〉と名付けられた。S氏の兄は、そのワシントンハイツから出たゴミの中から、空き瓶を拾ってきたのだ。

「もちろん日本人は仕事で行く者しか入れなかった。でも敷地の外に出されたゴミを拾うことには、うるさくなかったんだ。何もなかったあの頃は、空き瓶も貴重な物資だったから、すぐに買い取ってくれたよ」

富ヶ谷とワシントンハイツがあった代々木公園は目と鼻の先である。兄が友人たちと協力してリアカーを引いていくのも、さほど苦ではなかったそうだ。空き瓶拾いが慣れてきた兄は、並行してアメリカ製の空き缶も拾ってくるようになった。

ビールやジュース、お菓子にオートミールやスープの缶詰めなど、兄が拾ってくる空き缶は多種多様であったという。

「近所に英語が読める小父《おじ》さんがいたんだ。俺も兄も英語なんか読めないから、拾ってくるたび小父さんに説明してもらってた。これはキャンディーの缶、こっちは魚の油漬け《オイルサーディン》の缶だよって」聞いたこともない食べ物の名前もあったが、その全てのパッケージは華やかで子供心にもハイカラに見えた。

「メリケンは食べ物がたくさんあってズルいよな」はじめはそう話していた兄でさえ、次第にその空き缶類のデザインに魅了されていったようだ。いつの頃からか、売らずに大切に保管するようになった。今でいう空き缶コレクターだ。

「特に気に入ってた物は棚の上に飾ってたんだ。兄の一番のお気に入りはクッキーの缶でね。丸い蓋には綺麗な薔薇の花の絵が書いてあった。毎日、埃がつかないように丁寧に拭いていたよ。いつか誰かにあげるんだって話してたなあ。誰にあげるのって聞いても〝秘密だ〟って、教えてくれなかった……今から思えば、照れていたんだろう」

その年の師走。両親は朝早くから電車に乗り、地方の農家へ食料を買い付けに出かけていた。そのため兄は弟の面倒を見るために、空き瓶拾いも学校も休んでいたという。

あいにくの雨で、外で遊ぶこともできない。では家の中でかくれんぼを、といっても狭いバラック小屋では隠れるところがほぼなかったそうだ。

暇つぶしのように兄としりとりをしていたが、それもだんだん飽きてきた。

家には遊具が何もない。幼すぎた彼は退屈からイライラが募っていった。

日頃の鬱憤も溜まっていたのだろう。母親に甘えたい盛りの年頃、それなのに甘える時間が足りていなかった。今日も自分の母は出かけている。お隣からは、みっちゃんとその母親の笑い声が聞こえてきていた。

みっちゃんの家にはいつもお母さんがいるのに、何でうちだけ。

うらやむ気持ちを抑えきれず、つい兄に当たってしまった。

「もうしりとりは飽きた。違う遊びがしたい」と、泣いて駄々をこねたのだ。

「わかったわかった」そんなわがままをいう弟にも、兄は優しく頭を撫でてくれた。

そして雨が降る中、「けん玉を借りてきてやるからな」と外に出ていってしまったのだ。

しばらくして泣き止んだS氏は、さすがに後悔したという。家にある傘は両親が持って出かけていった。今頃兄は、冬の冷たい雨に打たれているだろう。幼いながらもそれぐらいは分かる。自分のせいで兄は風邪を引いてしまうかもしれない。

そう心配しながら帰りを待っていると、棚から何かが落ちてきた。兄の一番のお気に入りだったクッキーの缶であった。棚に戻そうと拾い上げると、いつもより重い。

兄が何か入れたんだ。興味を抱いたS氏は、さっそく缶の蓋を開けてみた。

缶の中には、大人の女性の横顔がぎゅうぎゅうに詰まっていた。

正確には鼻と唇は見えず、額、眉毛、大きな目、頬だけであった。

長いまつ毛が生えた大きな目は、一回だけゆっくりと瞬きをしたという。

びっくりしたS氏は、思わず蓋を閉じた。今のは一体、何だったんだろう。

不思議と怖いと感じることはなく、好奇心に駆られた彼はもう一度、蓋を開けてみたが、やはり先ほどと同じであった。

どこの誰かも分からない女の人は、ゆっくりとした瞬きを繰り返しているだけだった。

ただ、二回目はS氏もじっくりと見たせいで、目元の下にほくろがあることに気がついたという。

「おーい、借りてきたぞう」ガラッと扉が開くと同時に兄の声がした。奇妙な現象に興奮していた彼は、すぐさま兄の元に駆け寄り、缶の中身を見せた。

不思議な女性の顔もまた、ワシントンハイツで捨てられていた玩具か何かかと考えた彼は、「これって、メリケンのおもちゃ?」と、無邪気に聞いてしまったという。

「缶を見た兄は驚いた顔をして、しばらくそこから動かなかった。でも、何かを感じ取ったんだな。ハッとした顔をして、走ってまた出ていったんだ」

そのときの兄の行動が理解できなかったS氏は、ただただ驚いていた。

見せてはいけないものを、見せてしまったのだろうか。子供ながらにもそう不安を覚え、あとを追いかけようかとも考えたが、七歳上の兄の足に追いつくはずがない。仕方なく、帰ってくるまで待っていようと部屋に戻ろうとした彼は、缶を持っている自分の手が濡れていることに気がついた。

見ると缶の中の女の人が、さめざめと泣いていた。つぶらな瞳からぽたぽたと落ちていた涙があふれ、缶をつたい、自分の手を濡らしていたのだった。

「それを見て急に怖くなったんだ。急いで缶の蓋をしめて、なるべく目につかないところに置いて、俺は布団にもぐったよ。それから二時間ぐらい経った頃かな、ようやく兄が戻ってきたんだ。俺は布団から飛び出して、一部始終を話そうとした。でもな――」

ずぶ濡れになって帰ってきた兄は泣いていた。心配したS氏が何を話しかけても、ひたすら泣いているだけだったという。

「それから兄は変わってしまった。明るい性格だったのに急に暗くなったんだ。自分の面倒は相変わらず見てくれたけど、物思いにふけることも多くなってね。しばらくしたら集めていた空き缶も全部なくなっていた。兄が処分したんだと思う。空き瓶もワシントンハイツからは拾わなくなった……俺は子供だったんだなあ、どうして変わってしまったのか、聞けずにいたんだ。親にも誰にも例の空き缶の女性のことは言ってない。でもずいぶん経ってから、兄が変わっちまった理由を父親が教えてくれたよ。兄が泣き止まなかった日に、担任の女性教師が亡くなってたんだ。あの日、兄は俺のために学校を休んでくれたから、知らなかったんだよ。学校まで走っていって、他の生徒から事情を聞いたそうだ。どうやらその先生は米兵に乱暴された上に殺されて、ワシントンハイツ近くの路地裏に捨てられていたらしい。当時は東京も米兵によるその手の事件が多かった。犯人が捕まったかどうかは分からない。でも米兵、いやアメリカを憎むようになった兄は、成長するにつれ思想が過激になっていったんだ。六十年安保に参加して、活動家になってしまった……俺はある日、活動家になった兄から喫茶店に呼び出されたよ。何の話かと思って行ってみたら、ある共産主義の政治団体に入ったことを話してくれた。公安にマークされるから、もう家には戻らないって……」

S氏が必死になって止めると、兄はあることを打ち明けてくれた。

「子供の頃に見た、空き缶の中に入ってた女性の話だ。俺の予想通りあの女性、米兵に乱暴されて殺された担任教師だったんだ。さすがの俺もその頃になると薄々気が付いていたさ。兄はあの大きな目の下にある泣きぼくろで、すぐに分かったって……それにあのとき先生の泣いている横顔を見て、ピンときたそうだ。生徒思いのいい先生だったらしい。うちの事情を知っていたから、兄の早退も見逃してくれてたみたいだ。兄はその先生に憧れていたんだと思う……大切にしていたあのクッキーの缶も、大人になったら先生にプレゼントするつもりだったって。その話を聞いた俺は、止めきれなかった。喫茶店で別れたあと、それきり兄とは会っていないんだ。公安も何度か行方を捜しに訪ねてきたけどね、こっちもどこにいるのかさっぱりだった。東の国に渡ったって噂は聞いたけど、それも本当かどうか分からなくてね。俺より七つも上なんだ、どこにいても、すでに亡くなってるとは思うけど……今でも悔やんでる。あのとき俺がクッキーの缶を兄に見せなかったら、もう少しましな結末になってたんじゃないかって……自分の好きな女が、涙を流して苦しみを訴えていたんだ。そんな辛いものを、俺は兄に見せてしまったんだよ……」

S氏はそう語ると、ヤケ酒をあおるかのように再び酒を飲み干した。

思春期に受けた辛すぎる衝撃は、後々の人生に暗い影を落とすことが多い。

それゆえS氏の兄は、極端に変わっていったのかもしれない。

【標識撮影マニアの怪異】

その他の危険

（夜馬裕）

武井《たけい》さんは、車の運転が好きで、若い頃からドライブが趣味だ。

煩《わずら》わしい人間関係が嫌いな武井さんは、ずっと独身を貫いており、友人も少ないが、とくに寂しさは感じない。平日はきっちり仕事をこなし、週末はキャンピングカーを走らせて遠出をするのが、ここ十年以上の習慣になっている。

遠くまで車を走らせ、車の中で独り眠る。運転が苦手な私からすれば、長時間の運転で疲れるうえに、車中生活は不自由そうで、とても休日をリフレッシュできそうにないが、武井さんにとっては、これが一番解放感を得られるのだという。

ただ、ひとつ問題があった。行きたい場所がとくにないのだ。

名勝地や神社仏閣を巡ることにも興味が湧かない。自炊派なので、食事はたいていキャンピングカーの中で済ませてしまう。グルメを目的に車を走らせることもない。

方角だけ決めると、好きな道を適当に走ることが多かったのだが、目的地がないので写真をほとんど撮っておらず、ある時、こんなにも毎週遠出をしているのに、自分の手元には何の記録も残っていないことに気がついた。

いつ、どこを走ったのか。それくらいは見返して楽しめるように、何か記録を残したい。

そこで、運転する道中、地名や道路名が書かれた「道路標識」を撮影することにした。

最初は、通った道、行った場所の記録のために撮影していたのだが、たくさん撮影をするうちに、だんだんと標識そのものに面白さを感じるようになった。

これまで当たり前のように眺めてきた標識だが、改めて観察すると、大切な情報をひと目で伝えるために、シンプルでわかりやすくデザインされた機能美がある。

その一方で、統一されたマークやデザインでも、線の太さや描き方など、標識ごとに微妙な違いがあったりして、それが何ともいえずユーモラスで面白い。有名な例としては、大人と子どもが手をつないだ「歩行者専用」標識があり、これはあまり明確にイラストが定まっていないのか、場所によっては、人間とは思えない姿で描かれた標識が立っていたりする。

ドライブの記録として一年も撮り続けるうちに、やがて標識自体に強く関心が湧くようになり、次第に標識を見つけて撮影すること、それ自体が新しい趣味となっていった。

道路標識には、まず「本標識」と「補助標識」の二つがある。

そして本標識は「規制標識」「指示標識」「案内標識」「警戒標識」の四つに大別される。

「規制標識」は、通行止め、車両進入禁止、駐車禁止、徐行、一時停止、速度・重量・高さの制限など、いわゆる「してはいけない」ことが書かれている。

「指示標識」は、横断歩道、駐車可、停車可、優先道路、自転車横断帯など、通行するうえで「必要な指示」が書かれている。

「案内標識」は、都府県や市町村の地名、高速道路の入口やサービスエリア、各地域へ向かう方向や距離、主要地点や著名地点など、その名の通り「道案内」の役目を担っている。

「警戒標識」は、交差点あり、右方屈曲あり、つづら折りあり、踏切あり、学校・幼稚園・保育所あり、信号機あり、急こう配あり、車線数減少、道路工事中など、さまざまな注意すべき事柄について「危険を知らせる」役目を果たす。すべて黄色のベースカラーに黒文字、菱形《ひしがた》をしているのが共通デザインだ。

知らせる危険は多種多様なので、ドライバーがひと目でわかるよう、アイコンとなるイラストが描かれているのだが、改めて見ると、これが結構面白い。

車がふらつく絵で「すべりやすい」、鯉のぼりは「横風注意」、波が押し寄せるのは「高波注意」、点描の絵で薄く描かれた車は「霧注意」、乗馬姿は「馬横断注意」などなど。

とくにバリエーション豊富なのは「動物注意」で、標準的なイラストは鹿に設定されているものの、場所によっては、キツネ、リス、クマ、カメ、ウサギ、ウシ、イノシシなど、注意すべき対象によってイラストが変わる。珍しいところでは、ムササビ、イモリ、ヤドカリ、カニ、カエルなどのイラストも存在して、これらの動物シリーズはよくSNSにも投稿されるため、標識マニアならずとも撮影対象として人気がある。

このように、本標識は大別すると四種類だが、その内容を補足するために、「補助標識」というものが設けられている。本標識の下に掲示され、「この先●m」「日曜・休日を除く」「ここから」「通学路」「追越し禁止」「踏切注意」など、追記すべき情報が記載されている。

さて、武井さんの一番のお気に入りは、警戒標識に分類される「その他の危険」という標識だ。黄色の背景に、黒文字で大きく【!】マークが描かれたもので、割と頻繁に見かける標識なので、知っている人も多いだろう。

理由が「その他」と意味深なので、オカルトファンからは、心霊標識などと呼ばれたりもする。幽霊のせいで事故が多発するのだが、公にはそう書けないので、「その他の危険」と掲示しているという説だ。

ただ実際には、下に補助標識が付けられているケースが大半で、「右方注意」「この先行き止まり」「左折車に注意」「路肩弱し」「なだれ注意」「とび出し注意」「路面冠水注意」「転落注意」など、きちんと注意すべき理由が示されている。

たまに、補助標識が「注意」のひと言だったり、一切の補助標識がなく、【!】マークだけの場合もあるが、これは事故多発の理由が複数存在しており、何個も補助標識があるとかえって見づらいため、あえて注意喚起だけをしている、というのが実際のようだ。

武井さんに言わせれば、現地へ赴《おもむ》いて実際に付近を運転すると、たとえ【!】マークしかなくても、見通しが悪いとか、交通量が多いとか、事故多発の理由はだいたい想像がつく。

「現場を訪れた者だけが体感できる」というのが、武井さんにとっては至上の喜びなので、補助標識による添え書きがなく、【!】マークしかない場合が一番面白い。

だから、撮影するだけでなく、「交通量が多いうえに、右方向の視界が悪い三叉路」など、「その他の危険」標識が立てられた理由をメモして、写真と併せて記念に保管している。

ただ、現地を走ってもなお、どうしても「危険」の理由がわからないケースが稀にある。

悔しいので、時間帯を変えながら同じ場所を何度も通ってみるそうだが、それでもなお、道路交通上の危険因子がまったく想像できない。

そんな場合は、時として、怪異につながることもあるのだという。

とある地方都市の住宅街を走っていた時のこと。

十字路の角に「その他の危険」を示す【！】マークが立っていた。補助標識はない。別に見通しの悪い交差点ではなく、設置されたミラーや速度制限の標識だけで十分に思える。周囲には他の車も走っておらず、人通りもない。いったい、何が危険なのか。

方角と道を変えつつ、何度か交差点を通過してみたが、やはり危険の理由がわからない。好奇心がわいて、じっくりと調べてみたくなった武井さんは、車を最寄りの駐車場に停めると、標識のある十字路まで、今度は徒歩で引き返した。

交差点に立ち、改めて周囲を見回すと、四つ角にはいずれも立派な一軒家が建っているのだが、「その他の危険」標識の横にある家は、中でもとりわけ大きな邸宅であった。

家へ近づいてみると、玄関脇のブロック塀に、事故らしき跡がみられる。

ブロック塀には、修繕した跡や細かいひび割れが無数にある。事故の痕跡には、明らかに新旧のムラがあるので、同じ場所へ複数回、おそらく車が衝突したのだろう。

一度だけなら、よそ見運転、飲酒運転、何でもあり得るだろうが、わざわざ標識を立てるくらいなので、同様の事故が何度も起きたはずである。

ただ、大きな邸宅が立ち並ぶ閑静な住宅街で、車も人もほとんど通らず、どう見ても事故が起きるような環境には思えない。いくら考えてもわからないので、諦めて立ち去ろうとした時、ブロック塀の途中に、真っ茶色に錆びついた、長方形の金属プレートが埋め込まれているることに気がついた。

近づいてみると、プレートには「藤田」と印字されている。

ただ、先ほど見たこの家の表札は、「伊川」であった。古くからありそうな立派な邸宅なので、途中で持ち主が交代しているのかもしれない。プレートは以前の名残だろうか。

ふと気になって周囲を見渡すと、十字路に建つ他の家のブロック塀にも、金属のプレートが嵌《は》め込まれているのが見えた。やはり同じように茶色く錆びた金属板だが、こちらには名前や文字ではなく、なぜか大きな「矢印マーク」が描かれている。

この奇妙なプレートは、十字路に建つ他の二軒の塀にも取りつけられていた。

しかも、矢印の向きが、どうやら一番大きい家の方角を指している。

つまり、十字路の角に建つ三軒のブロック塀には、矢印の描かれた金属プレートがつけられており、その矢印はすべて、ひとつの家へ向けられている、ということだ。

興味がわいて、三軒の家の表札を調べると、すべて同じ「藤田」という名前であった。

これはいったい、どういうことなのか。

周囲をひとしきり観察した後、再び最初の「藤田」と書かれたプレートの前に立った。

プレートから少し離れた玄関脇のブロック塀には、複数回の事故の痕跡《こんせき》が残されており、さらにその横には警戒標識が立っている。まるで、この「藤田」のプレートに向けて、矢印が事故を呼び込んでいるかのような錯覚に襲われた。

錆びついたプレートを触ってみる。ひんやりとざらつく表面を指でなぞっていると——。

突然、武井さんのすぐ真後ろから、女の声が聞こえてきた。

「藤田の本家はね、みんな亡くなってしまったの」

驚いて振り向くと、いつの間に居たのか、武井さんの背後には、年の頃は四十歳前後、品の良さそうな和装の女性が、微笑みを浮かべて立っていた。

「貴方、それを触ったでしょう。命を落とすわよ」と、女性は愉快そうに言う。

「信じなくてもいいけど、あなたは今、シルシをつけられたの。消さないと、きっと死んじゃうわよ。助けてあげるから、うちへいらっしゃい」

女性はそう言いながら、玄関のほうを指さした。

「この家の方ですか?」と武井さんが訊くと、女性は「そうよ」と答え、「急に気味の悪いことを言われて戸惑っているかもしれないけれど、あなた、今本当に危ないの。詳しいことは中で説明するから、まずはうちへいらっしゃい」と言う。

明らかに、怪しい。普通なら不審がって立ち去るだろう。ただ、武井さんは、自分につけられた「シルシ」なるものが、事故多発の原因ではないかと直感した。

興味がわいた武井さんが「では、お邪魔させていただきます」と返事をすると、女性は嬉しそうに、「どうぞ」と満面の笑みを浮かべた。

家へ入ると、武井さんは広々とした、立派な応接間に通された。

ソファに腰掛けると、女性は「しばらくお待ちになって。お茶を淹《い》れてきますから」と言って、扉の奥へ消えて行った。そのまま十分ほど待ったが、戻ってくる気配がない。

席を立って様子を見ようとした時、奥の扉が開いて、大柄な中年男性が部屋へ入ってきた。

そして、「あんた、誰だ?」と警戒した声で訊いてきた。

勝手に上がりこんだと思われてはかなわない。標識と事故の跡が気になってこの辺りを見て回っていたこと、家人の女性から招かれたこと、今はお茶を待っていることを手短に伝えると、男は疲れた表情になり、「ああ、それは私の妻です」と答えた。

そして、「恥ずかしながら、妻の精神状態は普通ではありません。初対面の方にお話しすることではないのですが、死ぬ、などと失礼なことを申し上げて、家にまでお連れしたようなので、事情だけは説明させてください」と、溜め息交じりに語りはじめた。

この辺りはひと昔前まで、藤田家が大地主でした。

今住んでいるこの家も、元は藤田の本家だった場所です。

かつては、貿易や不動産でずいぶん稼いでいたようですが、ある時を境にして、一気に商売が傾いてしまった。

その原因は、井戸のカミサマに、人身御供を捧げなくなったからだ、と言われています。

かつて庭には井戸があり、井戸の底には藤田家に繁栄をもたらすカミサマが棲《す》んでいて、半世紀ほど前まで、病弱な子どもや、余命短い年寄りを井戸に放り込んでいたそうです。

先行き短い命をカミサマの元に返す「カミ送り」の儀式だと言っていたそうですが、どんなに恰好良く言ったところで、要は「生贄として捧げる」ということです。

四十年ちょっと前、当時の本家の当主は、こんな野蛮な儀式はやめよう、と考えた。

時は一九七〇年代、高度経済成長期です。日本全体が大きく経済を発展させていた。商売繁盛を生贄に託すような時代でもありません。

それでも、周囲はずいぶんと反対したようです。とくに古い習慣を大切にする、いくつかの分家は猛反対した。カミ送りをしなければ、藤田の人間は命をとられるぞ、と。

本家の当主は、そんな声を無視して、庭の井戸を埋めてしまい、誰もそこに近づけないよう井戸だけでなく庭すと、その上へ屋敷を建て直したそうです。それが、この家です。

ところが、ほどなく本家の商売がうまくいかなくなった。

それどころか、当主をはじめ、幾人もの家人が、怪我や病気で立て続けに亡くなった。

結局、それから二十年も経たないうちに、本家の人間はすべて絶えてしまったそうです。

井戸を埋めるのに反対していた分家のいくつかは、このままでは自分たちにも累が及ぶと考えて、本家の屋敷を借家にすることで、そこに住む人たちを生贄にしようと画策した。

彼らは自分たちに災厄が降りかからないよう、本家の周りへ自分たちの家を建て、特別なまじないを施した金属板に矢印を描き、災いはすべて本家へ向かうように設置したそうです。

嘘みたいな話でしょう？　でも本当なんです。

実際に、この家を借りて住んだ人間は、五年と経たずに事故や病気で亡くなっています。

一番多いのは、自宅前の交通事故です。あの矢印のせいなんでしょう。玄関を出たすぐの所へ、車が突っ込んできてはねられるという、信じられないような事故が何度も起きている。

私の娘も、そうやって亡くなりました。

娘が亡くなってからようやく、私たちは人づてに、今お聞かせした話を知りました。

素敵な家を安く借りられたと喜んでいたのに、私たち家族は騙《だま》されていた。

ですが私たち夫婦は、もうこの家から逃れられません。引っ越したくても引っ越せない。

何度も出て行こうとしましたが、その度にあらゆる方法で阻《はば》まれる。

娘が死んでから、妻は完全におかしくなりました。あなたにしたように、家の近くで人に声をかけては、うちへ呼んで来るようになった。きっと、話を聞いて欲しいんでしょう。信じてくれなくても構いません。ただ、よければ、妻の話も聞いてやってください。どうせキッチンでぼんやりしているでしょうから、呼んでくることにしますね。


男はそう話し終えると、「少々お待ちください」と言って、再び奥の扉から出て行った。

武井さんは、あまりの話に唖然《あぜん》としたが、かといって、席を立つ雰囲気でもない。

夫婦の戻りを待っていると、玄関のほうから、ドタドタ、と大きな音を立てて誰かが入ってくる物音がして、そのままバンッと玄関側にある応接間の扉が開いた。

そして、「こんな所で何やってる！」と、怒鳴りながら老人が部屋へ入ってきた。

老人の剣幕に面食らいながらも、武井さんは、この家の夫婦に招かれて、ここで戻りを待っていると言うと、老人は、「この家には、誰も住んでいないっ！」と大声を上げた。

「いいか、私はこの家の管理をまかされている人間だ。確かに、あんたの言うような夫婦は住んでいた。前に居た伊川さんだ。でもな、飲酒運転の車が玄関脇に突っ込んで、運悪く夫婦と娘さん三人、全員亡くなっている。もう三年前のことだ」と老人は厭そうな顔で言った。

驚いた武井さんは、これまでの事情をかいつまんで老人に話した。

すると老人は、「プレートを触ったくらいで祟られたりせんよ。そんな危ないもん往来に掲げておくわけないだろう。生贄のシルシはな、この家に長く留まると付くんだよ。あの夫婦はこの世のモノじゃない、あの手この手で、あんたを一秒でも長くこの家に居させて、自分たちと同じ目に遭わせようとするぞ。悪いことは言わん。早くここから逃げろ！」と言った。

「さっさとしろ！」と叫ぶ老人の声に急かされ、武井さんは転げるように応接を出ると、玄関で靴をつっかけて、そのまま外へ飛び出した。

ただ、焦るあまり、きちんと靴を履いていなかったせいで、一歩外へ出たとたん、靴紐を踏んで足元がもつれ、その場でよろけて転んでしまった。

武井さんが転ぶのと、すぐ傍のブロック塀へ車が激突したのは、ほとんど同時だった。

激しい衝突音と共に、武井さんのすぐ目の前で、車が煙を上げている。

もし転んでいなければ、外へ飛び出して、そのまま車と塀の間に挟まれていたはずだ。

あまりのことに腰を抜かしてその場にへたり込んでしまったが、ふと背後に気配を感じて振り返ると、開け放たれた玄関の内側で、先ほどの中年夫婦と、管理人と名乗った老人が三人並んで立っており、悔しそうな顔を武井さんのほうへ向けていた。

怖くなった武井さんは、腰が立たないまま、這うようにして往来へ出ると、通りを挟んで向かいに建つ家の二階の窓から、何人かの人間が、こちらを見下ろしているのが見えた。

武井さんが彼らのほうを見ると、隠れるようにカーテンがさっと引かれる。

まさか自分の様子を見ていたのか？　と思い十字路の角にある他の家を見渡すと、やはり同じように二階の窓から、こちらを見下ろす人影が見えていた。


やがて警察が来て、現場検証が行われた。

運転手は幸い軽傷で済んだが、事故理由は「ついぼんやりしてしまった」からだという。

武井さんは、「家から出たところをはねられそうになった」と話したが、警察からはそのことを不審がられて、かなりしつこく問い詰められてしまった。

というのも、家は現在空き家で人が住んでいないうえに、玄関はしっかりと施錠されており、誰も出入りすることが出来ない状況だったからだ。武井さんは、空き巣に及ぼうとしていたのではないかと、警察にずいぶん疑われてしまった。

結局、疑いは晴れたものの、その日いったい何が起こったのか、どこまでが本当で、どこまでが騙されていたのか、武井さん自身、まったくわからないままである。

ただ、「こんな恐ろしい目に遭って、それでもまだ警戒標識が好きなんですか？」と私が問うと、「こんな凄い体験をしたからこそ、未だに好きなんですよ」と嬉しそうに笑った。

さすが、マニアの心意気。

怪談マニアの私もまた、武井さんの続報を心待ちにしている。

【廃墟探訪の怪異】

湧き続ける場所

（若本衣織）

廃墟に魅力を感じる人間は、国内外問わず多く存在している。近年ではドラマのロケやグラビア写真、ミュージックビデオの撮影などで廃墟を貸し出すケースも増えているが、巷に溢れる廃墟写真のほとんどが無許可撮影である。いわゆる、不法侵入というものであり、実際に逮捕されたケースも少なくない。ただそんなリスクを冒してまでも廃墟の魅力に取り憑かれ、探訪したいという衝動を抑えきれない人もいる。まさに、原田《はらだ》さんがそのケースだった。

彼女がその廃墟を見つけたのは、三月初旬の頃だ。梅が咲いている時期で、少しずつ春の訪れを感じる心地よい頃合いだったという。その日、原田さんは彼女の親友である三島《みしま》さんに付き合って、鉱石掘りのために某県の山を訪れていた。

午前中から崖を登り、沢を降り、どろどろになりながらも石を探していたのだが、その日は運悪く、全くの空振りだった。いつもなら水晶の一つや二つは見付かるはずなのだが、どうも誰かが先に拾いきってしまったようだ。翌日仕事ということもあり、昼過ぎには撤収する必要がある。せめて最後に何か戦果が欲しいと、近くの川に半身を浸けながら瑪瑙《めのう》を探していた。川の近くは登山コースであり、ある程度の人通りがある。三月初旬とはいえ気温が二桁に乗らない中、何も知らない側から見れば川遊びをしている二人を横目に、何人もの登山客が苦笑いしながら通り過ぎていったという。


結局瑪瑙は見付からず、撤収の時間だけが近づいていった。今日は何も戦果が無かったと悄気《しょげ》ながら、丸まった腰をグッと伸ばす。ずっと下を向いていたからか、固まった身体に血が巡るのを感じた。改めて思い切り伸びをし、少し上流で石を探している三島さんに声を掛けようと振り返った瞬間、原田さんの視界の端に、妙な建物が映った。

「何だろう、あれ」

顔を上げるまで全く気付かなかったのだが、白くて巨大な建造物が山の斜面を這うようにしてひっそりと建っていた。川から上がって巨岩の上に立ち、様子を観察してみるも、木々が邪魔して全容が掴めない。どうにか正体を見極めようと岩の上で跳ねていたら、三島さんが不審そうな表情で川から戻ってきた。

「ねぇ。あの建物、見える？」

三島さんは原田さんと同様に岩へ上り、目を凝らした。

「何かあるね。窓がいっぱいあるし、旅館かな」

携帯電話の地図アプリで検索したが、該当する施設は見つからない。ただ航空写真には、緑に埋もれるようにして、確かに白い巨大建造物が写っていた。この辺りは温泉が湧く地域でもある。長時間、水に浸かっていた二人の身体は芯まで冷え切っていた。できれば、長いドライブの前に、何処かで温まってから帰りたい。

「日帰り温泉があるようだったら、寄って行こうか」

どちらからともなく言い出し、その建物を目指して歩くこととなった。


三十分ほど歩いた頃だろうか。近付くにつれ、だんだんその建物が持つ異様な雰囲気を二人は感じるようになっていった。妙な空気を纏《まと》っている理由は、建物を前にすると分かった。廃墟なのだ。ざっくりと見ただけでも本館と別館と、真新しい新館の三棟がある。それらの建物は全てが渡り廊下で繋がれており、まるで白蟻の巣に迷い込んだような感覚になった。

広大な敷地を誇るその旅館は、明らかに妙な造りをしていた。

原田さんは、思わずバンザイしかけたという。もう石のことなんか忘れて、すぐにでもこの廃墟を探検したいと気持ちが逸《はや》った。実は親友である三島さんも同様に廃墟好きのため、彼女たちにとっては水晶に勝る最高の戦果だった。

「ねえ。ちょっと入ってみようよ」

そう言って三島さんを振り返ってみたものの、彼女は妙に渋い顔をしている。そこで原田さんも、はたと気が付いた。ああ、多分ここは入れない廃墟だ、と。その巨大施設は、廃墟としてはあまりにも綺麗過ぎたのだ。

廃墟には容易に侵入できるものと、できないものがある。大抵、窓ガラスが割れていたり落書きがしてあったりすると、既に何者かが道を作っている可能性が高い。対して、そういった狼藉《ろうぜき》の跡がないものについては、居抜き物件として転売するために厳重な管理体制を敷いている場合が大半だ。機械警備によって二十四時間監視されていたり、定期的に管理人が巡回しているような物件もある。下手に扉でも引っ張れば、ものの数分で警備会社が飛んで来てしまう。そういう物件は、扉もきちんと施錠されていて侵入の余地はない。

件の廃墟を改めて眺めてみる。落書き、無し。窓ガラスの割れ、無し。不法投棄、無し。「ダメな廃墟」の典型例だ。この場所に関しては外から眺めるだけに留めようと、原田さんと三島さんは互いに顔を見合わせて溜め息をついた。

せめて、この廃旅館の来歴が知りたい。

旅館の看板が鮮やかに残っていたため、早速インターネットで名前を検索してみる。ところが、まるでヒットしない。登山家のブログで数件ほど名前が上がっているものはあったが、いずれも旅館に併設されていた蕎麦屋のレビューであり、「廃墟サイトの探索記」のようなものは全く無かった。これだけ大物の廃墟ならば、誰かしらがアタックしているはずである。

だが、妙なことに一件もそれらしき記事が見付からないのだ。

横で携帯を弄《いじ》っていた三島さんが、ウェブのアーカイブに残っていた当時の旅館のホームページを見つけてきた。それによると、閉館したのは二〇一〇年とある。閉館の理由は明記されていなかったが、思えば不景気の真っ只中にリーマンショックがとどめを刺した時期だった。またこれは後々調べて分かったことだが、旅館が位置している場所の登記が一部、山林のままになっていた。いわゆる、違法増築というやつだろうか。とにかく、その辺りの杜撰さが経営に打撃を与えたとみて間違いなさそうだった。ただ、建物自体はまだ新しく、定期的に人の手が入っているようにも見える。妙に、生々しい気配がしているのだ。

「折角《せっかく》見つけたのに、残念だったね。こりゃ、駄目そうだ」

原田さんがそう言って、扉についていた枯葉を払った時だった。何の抵抗もなく、入り口の引き戸が開いたのだ。思わず、顔を見合わせる。隣で、三島さんが「マジか」と溢《こぼ》した。もしや営業中かと思って首を突っ込んでみたが、鼻を突く黴《かび》臭さと降り積もった埃の量を鑑みて、少なくとも数年は誰も踏み入れていないようである。

「え。どうしよう！　こんなことって、ある？　宝くじ級の大発見だよ！」

掘り出し物だ、と大喜びする原田さんの横で、三島さんも堪らず歓声を上げた。今時、探訪記も書かれていない大型廃墟など存在しないと思っていた。それも、そこそこ人通りのある場所なのに。場合によっては、小さな祭りになるかもしれないような発見だった。

しかし。原田さんは何故か、自身が口にしている興奮が全て空々しく聞こえてきたという。表面上では大喜びしているのに、その実、ちっとも嬉しくなかった。膝の裏側がゾワゾワする上に、風邪を引いたみたいに関節も痛くなってきた。口は勝手に「すごい、すごい」と興奮しているものの、一方で、少しも中に入りたくない。こんなに凄い物件は、もう巡り合えないかもしれないのに。思わず隣ではしゃいでいる三島さんの表情を盗み見たが、彼女の顔も引き攣っている。明らかに空元気な、空々しいはしゃぎ方だ。

しかし、扉は開いた。もう二度目は無いかもしれない幸運である。だから原田さん達は、もう本当に打ちひしがれたという言葉がぴったりなくらい、おずおずと中へ入っていった。扉を閉める時、二人して、何度も何度も後ろを振り返った。何だかもう、戻れない予感がしたのだ。それほどまでに、中の暗闇は恐ろしかった。

旅館の中は当時の物が多く残されており、廃墟としては最高の状態だった。古き良き昭和の旅館という雰囲気で、布団や座卓、広縁のテーブルセット、冷蔵庫、床の間の飾りも全てそのままになっている。それどころか、部屋によっては御膳や御櫃までも置いたままになっており、まるで人だけが煙のように消えたような感覚すら覚えた。降り積もった埃さえ掃除すれば、すぐにでも営業を再開できそうな雰囲気だ。眺望も素晴らしく、窓から見える小さな滝が、また何とも言えない情緒に溢れている。

旅館の状態自体は文句なしだったものの、一つ辟易したのが、とにかく内部が広いことだった。幾つかの客用廊下は防火扉で封鎖されていたため、従業員用の裏通路を通って、前に進んで行く必要があった。探索途中で拾った館内案内の紙にも載っていない部屋や廊下が出てくる。自らの現在地が把握できないという事態が、妙に二人を焦らせていた。

山の斜面にへばりつくような形状で建てられていることもあり、エントランスがある五階から降りていくかたちで探索は続いていく。本館一階には巨大な浴場もあった。意匠を凝らした装飾の塗装口や枯山水《かれさんすい》を模した中庭など見所は多くあったが、異様な湿気に加え、浴槽に溜まった汚泥のせいか、凄まじい臭気と黴臭さに負けて、すぐさま退散した。まだ別館と新館を残していた上に、綺麗で見応えのある部屋は他にもたくさんあった。

内部を探索して一時間も経った頃だろうか。その頃には最初の嫌な予感はどこへいったのか、原田さんと三島さんはすっかり状況に慣れきってしまっていた。だらだらと談笑をしたり、携帯電話で音楽を流しながら歩いていたため、それに気付くのが遅れた。

ずっと、どこかから音が聞こえていた。どどど、という鈍い音だ。最初は近くの滝が落ちる音だろうと思っていたが、明らかに木の廊下を走る足音だと気付いた瞬間、二人は凍り付いたという。

「ねえ。聞こえているよね、これ」

原田さんの問い掛けに、三島さんは青い顔で頷く。今まさに、頭の上で誰かの足音が響いている。まず考えたのは、幽霊ではなく管理人の存在だった。次に、警備会社の人間。いずれにせよ、見つかったら只事では済まない。不法侵入の咎《とが》で通報は免れないだろう。幸い、旅館は無駄に広い。さっさと身を隠そうと二人でアイコンタクトを取った瞬間、慌ただしい足音と共に廊下を曲がってきた男性と目がばっちり合ってしまった。

最悪の展開だ。男性の視線は、明らかに原田さんと三島さんの存在を捕捉している。思わず逃げ出そうとした原田さんを、三島さんが掴む。悪足掻《わるあが》きは止めにしようとでも言うように、諦めた顔で首を振る。原田さんも観念して男性がこちらにくるのを待った。

しかし。何だか様子がおかしい。男性が近づくに従って、その全容が見えてくる。胡麻塩頭と皺の感じから、齢《よわい》は六十くらいだろうか。上下青いジャージに加え、首から白いタオルを引っ掛けている。朗らかに片手を挙げて、満面の笑みでこちらへやってきた。敵意や害意といったものが無いのは明らかだった。

「やあ、お姉さんたち。逃げないでくれて、ありがとうね」

原田さん達も、つい引き攣った笑顔で挨拶を返してしまった。

「お姉さん達、もしかして登山の人？」

男性の問い掛けに、まさか「趣味の廃墟探訪です」と答える訳にもいかず、二人して曖昧な返答で誤魔化した。しかし、思いのほか男性が友好的な雰囲気を醸し出していることに、少し気が緩んでしまった。少なくとも、不法侵入者を咎《とが》めるような口調ではなかったのだ。

「いやいや、僕は登山でね。この旅館、廃墟になっても温泉が湧いてるって話を聞いたから、わざわざ寄ってみたんだよ。お姉さん達も、もう入った？　一階の大浴場。サッパリするよ」

思わず二人して、顔を見合わせる。少なくとも本館、新館、そして現在地である別館と大体の施設は見て回ったが、温泉が湧いている場所など無かった。まさか、あの大浴場のヘドロに入ったのだろうか。小奇麗な男性の様子を見ると、それも考えにくい。

「ここって、結構有名な場所なんですか？」

話を逸らすため、三島さんが質問を投げる。男性は首を傾げた。

「さあ。僕はどこかの登山家のブログで読んだような気がしたんだけど、噂としては知っているという人は何人かいるよ。実際に入った人にはまだ会ってないから、僕が第一号かな。それよりさ」

そこまで言うと男性は声を落とし、天井を指差した。

「ね、ほら。聞こえるかな」

耳を澄ますと、微かに何かの音がする。パタパタパタパタと、軽い足音のような乾いた音だ。

「僕、かれこれ二時間くらいここにいるんだけど、ずっと擦れ違いなんだよ。お姉さん達、会ってないかな。あの人」

まずい。原田さんが三島さんを盗み見ると、明らかに青い顔をしている。絶対に、何かがおかしい。しかし、震えている二人に気付かないのか、男性は饒舌に話し続ける。

「いやぁ、お姉さん達の話し声を追っかけていたら、ここがどこか分かんなくなっちゃってさ。もし良かったら、出口までご一緒したいな」

絶対に嫌だ、とは思っていても面と向かっては言えないものである。男性も全く悪気が無さそうなだけに、断りづらい。原田さんの気持ちを悟ったのか、三島さんは引き攣った笑顔で案内図を男性に差し出した。

「これ、施設の案内図です。私たち、本館から下って下って、ここの渡り廊下を通ってきました。だから、今は別館二階の宴会場にいると思いますよ」

男性は「こんなの、どこで拾ったの」と言いながらも、じっくりと読み込んでいる。

「うーん。でも僕、方向音痴だしさ。ちょっと、向こうの方に置いたバックパックを持ってくるから、ここで待っててよ。すぐ戻るから」

そう言って、案内図を手に駆け出してしまった。あっという間の出来事だった。男性が廊下の角を曲がったことを確認し、原田さん達は靴を脱いで、忍び足でその場を離れる。そして、一気に男性と反対方向の階段へと駆け出していった。絨毯敷きの廊下であることと、ガラスが割れていないことが幸いだった。

思いの外、男性の戻りは早かった。三十秒もしない内に、「おーい、待ってよ」という声と共にバタバタバタバタと駆け足する音が響き始めた。明らかに、二人を探している様子である。

「案内図は渡したし、義務は果たしたよ」

泣きそうな顔で言う三島さんに、原田さんは何度も無言で頷いた。

男性を撒くため、二人は一階に降りた後、再び別の階段で上へ上へと急いだ。途中、何度も男性の声が聞こえた。ある時は上から、またある時は下から。バタバタバタバタという足音も、同時に響いてくる。

「ねえ。何かさ、明らかにおかしいよね」

三島さんの言葉を、原田さんは黙殺した。それを認めたら、恐怖で頭がおかしくなりそうだった。絶対にどこかで男性を追い越しているはずだった。重厚な造りの旅館内で、いつまでも声が届くはずもなかった。そして、明らかに、足音の数が多かった。


渡り廊下を抜け、ようやく本館にたどり着いた時は既に足に力が入らなくなっていた。

出口は近い。ふと気が抜け、窓から下を覗いてみれば、眼下に別館二階の宴会場が映った。

一瞬。ほんの一瞬だが、明らかに人影が見えた。髪の長い女性の後ろ姿だった。思わず原田さんが三島さんを見ると、彼女はそちらを見ることなく、青い顔で首を振った。

「私も、さっき見たから。だから、分かるよ」

震える声で、三島さんは続ける。

「チューリップハットかぶった子どもでしょ」

原田さんは何も答えなかった。

迷いに迷いながらも、本館の入口はもう目前だった。足音を殺しながら、早歩きで進む。

しかし、思うように前に進めない。だだっ広いロビーなのに、やけに物にぶつかってしまう。まるで、夢の世界で延々と踠《もが》いているような感覚だった。ガチャン、ドカッと絶え間なく音がする。三島さんも落ちている皿を踏んだのか、大きな音を立てていた。

それらの音が呼び水になったのか、再び「おーい、おーい」という男性の声と共に、複数の足音が迫ってきた。もう二人はパニックになりながら、ほとんど齧り付くかのようにエントランスの自動ドアに飛びついた。

しかし、扉が開かない。先ほどは何の抵抗もなく開いたはずの引き戸が、まるで鍵がかけられているかのようにびくともしないのだ。思いきりガラスを叩いても無駄だった。声が、音が近付いてくる。得体の知れない何かが近づいてくる。なりふり構ってはいられなかった。

「もう、窓ガラスを割るから、そこを退いて！」

原田さんが半ば絶叫しながらロビーチェアを持ち上げた瞬間、まるで魔法が解けたかのように扉が開いた。外の世界の眩しさに、縺《もつ》れ合うようにして飛び出した二人は、互いを抱き締めながら泣いたという。

暫《しば》く安全な場所からエントランスを観察していたが、結局男性が出てくることはなかった。

それどころか、旅館自体がしんと静まり返っていたのだ。まるで、最初から何事もなかったかのように。

この話には後日談がある。

原田さんは件の廃墟を探索した時に、複数枚、スマートフォンで写真を撮影していた。後から、これらの写真に関する妙なことが起きたという。

通常、スマートフォンでは保存された写真は日付ごと、また新着順にデータフォルダで表示される。しかし、廃墟で撮影された写真だけが、なぜか定期的にデータフォルダの一番上へと上ってくるのだ。それも、撮影した順番など関係なく、全くのランダムで。

同日に撮影した写真、例えばその日に食べた昼食の写真や、満開だった蝋梅の写真なんかは出てこない。その廃墟で撮った客室や装飾など、兎にも角にも原田さんたちが撮影した旅館の「美しい写真」ばかりが、まるで日替わりのスライドショーの如く浮上してくるそうだ。まるで宿自体が懐かしい思い出を語りかけてくるかのように。

三島さんのスマートフォンでは同様の事象が起きていない。あくまで、原田さんのものだけだ。

「旅館からすれば久しぶりの客だったのだし、折角だから長居してほしかったんじゃないのかな。原田ちゃんは廃墟好きだし、特に気に入られたんじゃない」

好意的に解釈する三島さんに対し、原田さんは全く異なる見解を持っている。

というのも、実はもう一つ上手く飲み込めない出来事があったのだ。


怪異に巻き込まれた翌年、原田さんと三島さんは、例の温泉廃墟がある場所の隣の山で、性懲りもなく蛍石《ほたるいし》を探していた。二人の中で、既に例の事件に対する恐怖が薄れつつあった。

その山の登山口付近を探索していた時のことだ。大きな岩にもたれかかるようにして、小さな白い看板が立ててあるのが見えた。てっきり山火事や不法投棄に関する注意喚起だろうと思いきや、妙に素人が手作りしたような素朴さや必死さが垣間見えた。

正体を確かめようと近付いてみたところ、行方不明となった登山者を尋ねる看板だった。

A4サイズのコピー用紙には、複数枚の写真と共に、失踪した時の服装や状況、入山届の有無や連絡先等が記載されている。その中に、やけに目を引く写真があった。

雨で滲んでいるため顔こそ鮮明に見えなかったものの、青いジャージの上下とバックパックが特徴的な、初老の男性だった。登山の経験も豊富で、一時期は山の清掃ボランティアもしていたベテランらしい。行方不明日を見てみると、失踪から五年も経過していた。

「だから、思ったんです。『ゆっくりしていって』なんて可愛らしい気持ちじゃなくて、もっとどす黒いものなんじゃないかって」

恐らくこの廃墟は自分たちが潰れてしまったという実感なんか全然無くて、寧ろ新しい客を呼び込もうとしているのではないか。

男性が言っていた「廃墟に湧く温泉」について書かれたブログは発見できなかったものの、登山が趣味の友人の中に、その存在を耳にしたことがある者がいた。

「私、一回しか行ってないのに、あの旅館の内部を隅々まで思い出せるんです。覚えていないけど、もしかしたら何度も夢に見ているのかもしれない」

あの時、確かに男性に渡したはずの館内案内図が書かれたパンフレットが、いつの間にか荷物の中に紛れ込んでいた。それによると、紅葉の頃の旅館が、最も美しく映えるという。

その頃にもう一度行ってみようと思います。そう言って、原田さんは力無く笑った。

第三章　怨の怪異

【ソロキャンプの怪異】

焚火

（若本衣織）

三連休がやってくると、京藤《きょうどう》さんは大きなバックパックを背負いこんで、独り、山へ籠《こも》る。彼の趣味は、ソロキャンプだ。もっとも、ソロになったのはここ五年ほどのことであり、元々は妻の亜美さんと「二人キャンプ」をするのが週末の楽しみだった。

京藤さんと亜美さんが知り合ったのも、二人が通う薬科大学の登山サークルだった。「森林浴が好き」という軽い気持ちで入会した京藤さんだったが、周りのメンバーがアップダウンの激しい岩稜《がんりょう》や厳冬期の雪稜《せきりょう》など、登攀《とうはん》が困難なバリエーションルートを好む本格的な登山家揃いだったこともあり、熱量の違いに辟易《へきえき》してしまっていた。

そんな折に「山野草の採集が好き」という理由で入会した同学年の亜美さんと意気投合し

たことをきっかけに、二人揃ってサークルを退会し、気軽な週末キャンプを楽しむ仲へと発展していった。

大学卒業後すぐに結婚した二人だったが、幸せは長くは続かなかった。亜美さんが子宮《しきゅう》頸《けい》がんを患い、そのまま治療の甲斐なく亡くなってしまったのだ。享年は二九だった。「そろそろ親子キャンプも良いね」と話し合っていた矢先の悲劇だっただけに、一時期は仕事も休職するほどの鬱《うつ》に苦しんだそうだ。そんな京藤さんを救ったのも、やはりキャンプだった。以来、今日に至るまで、京藤さんは独りでキャンプに勤しんでいる。二人が出会ってから十年の間に巡ったあちらこちらの山を、その頃の思い出を噛み締めながら、もう一度自分だけで見つめ直す。それはほとんど、巡礼に近しい気持ちなのだという。


九月末の三連休。京藤さんが向かった東北地方の某山麓は、亜美さんと最後に訪れたキャンプスポットだった。二人の思い出を順繰りに巡る最後の場所に訪れた日が、奇しくも二人の結婚記念日だったこともあり、京藤さんは妙に因縁めいたものを感じていた。

キャンプ歴も十五年を超えれば、ある程度の不自由も楽しめる心持になる。京藤さんのキャンプスタイルはブッシュクラフトといって、必要な物を現地調達するため、持ち歩く荷物も最小限で済んでしまう。荷物を下ろしてからタープとテントを張るまで一時間掛からない。ソロキャンプの良いところは、通常のキャンプ場ではなく、山や森の好きなところにテントを張り、静寂を楽しむことができるという点である。もっとも、管理された場所ではないからこそ、入念な場所選びが必要となる。管理者が居ないということは、万が一の事故の際は自ら対処しなくてはならない。キャンプ中、特に起きやすい事故が火災だ。引火しやすい落ち葉や枯れ枝などは入念に取り除いてから、拠点を設営する必要がある。消防法や各都道府県の条例に抵触しないスポットを探すのは一苦労だ。しかしほんの少しの気の緩みや怠慢が命取りになり、取り返しのつかない事態を招いてしまう事がある。だからこそ、常に一番時間をかけるのは、テントを張る場所の清掃だった。安全な環境を作ってから、初めてテントを張ることができる。全ての支度が整えば、あとはお楽しみの時間だ。焚き火台に小枝をくべ、ぼんやりと珈琲を飲んだり本を読んだりしていると、あっという間に時間が過ぎていく。

夜十時を回った頃だろうか。普段ならばこれから星空の撮影を行う時間のはずが、京藤さんの身体は強烈な睡魔に抗《あらが》えずにいた。亜美さんへの献杯《けんぱい》という名目で、いつもよりブランデーを飲み過ぎてしまっていたのだ。どうにか意識を保とうとするも、指一本まともに動かせず、微睡と仄かな覚醒の間を行ったりきたりするしかない。せめてシュラフで寝たいと思いながらも、次の瞬間には再び眠りの中に落ちていってしまう。

きいきいきい。

突然、耳慣れない金属音がした。テントもタープも、近くに落ちていた石や枝や蔓《つた》で組み立ててあるとはいえ、緩みの無いようにしっかりと固定してある。風で軋《きし》んでいる音ではないのは確かだ。状況確認のため、無理やり覚醒しようとするも、指先一本動かすことができない。金縛りだった。薄っすら目をこじ開けることはできたが、気を抜けば瞼もすぐにくっ付いてしまいそうである。

きいきいきい。

小枝の爆《は》ぜる音に混じって、再び金属音が響いた。視線だけを強引に真正面へ動かすと、森の奥から枯葉を蹴散らす音と共に、何かが近付いてくる気配がした。狸や鹿ではない。イノシシだろうか。熊だったら最悪だ。相変わらず、身体だけは強張ったまま、ピクリとも動かない。耳だけが全ての異変を拾っている。固定された視線の先、暗い森の奥からは、着実に、何か得体の知れない者が近付いている。

最初はただ白い靄《もや》が迫ってきているように思えた。続いて、それが女の上半身だと分かった瞬間、意識が飛びかけた。焚火に照らし出され、徐々に輪郭が明らかになっていく。不快な金属音と共に、枯葉を蹴散らす音がどんどん大きくなってきた。目を背けることができない。赤々と燃える炎に照らし出されたのは、猫車《ねこぐるま》を押したウェディングドレス姿の女だった。

一瞬、何が起きたのか理解できなかった。上半身だけに見えたのは、下半身が猫車で隠れていたかららしい。いや、それより何故山の中にウェディングドレス姿の女が居るのか。女性の表情はベールの向こうに隠されていて見ることはできない。女は足早に京藤さんへと迫ってくる。叫び出したいのに、喉の奥がググと鳴るだけだった。

猫車に何か載っている。遠目では土に見えたのだが、どうも枯葉が山積みになっているようだ。女は椅子に座る京藤さんの正面で、ピタリと猫車を停めた。ドレスの袖口や襟元から、疱瘡だらけの肌が覗いている。よく見れば、ドレスも解《ほつ》れたりシミが浮いたりと、かなり年代物のようだ。ただ顔だけは、相変わらずベールの向こう側に隠れていてよく見えない。

突如、女が腰を折った。お辞儀をしたのかと思いきや、猫車に積んであった全ての枯葉を京藤さんの足元へと空けていく。ガサガサと、乾いた葉が擦れる音が響く。呆気に取られて見ていると、猫車が空になった途端、女は踵《きびす》を返して再び森の中に消えていった。

何だったんだ。状況は把握できないが、何か異常な事態なのは確かだった。女の姿が見えない内に逃げ出そうと考えたが、どういう訳か身体が少しも動かない。気ばかり焦りながら藻掻《もが》いていたところ、聞き覚えのある金属音が迫ってきた。

きいいきいきい。

あの女だ。即座に分かった。再びウェディングドレスの女が猫車を押しながら現れたのだ。規則的な音に合わせて、体を丸めた女がゆっくりとやってくる。猫車には、また枯葉が山盛りに積んであった。その枯葉を、慣れた手つきで京藤さんの足元へと空けていく。女の目的が分からない。森へと戻っていく女の後ろ姿を見つめながら、恐怖と混乱で上手く呼吸ができなかった。

三度、四度と女は戻ってきた。その度に、満載の枯葉を京藤さんの足元へと棄てていく。あっという間に、膝が埋まった。それでも女は枯葉を持ってくる。五度、六度と繰り返された時に、急に大きな風が吹いた。舞い上げられた葉が、焚火の中に落ちる。パチパチと小気味の良い音で火花が散る。火の粉は、そのまま京藤さんの足元の枯葉へと落っこちた。

まずい。そう思った瞬間には、もう足元の火は大きくなっていた。あっという間に火から炎へと成長し、京藤さんの身体を這うようにして駆け上っていく。相変わらず身体は動かない。目だけがキョロキョロ動くのに、指一本動かせない。熱い。熱い。皮膚が引き千切られるような痛みだ。ふと視線を動かせば、ウェディングドレスの女が森の向こうから猫車を持って迫ってくるのが見えた。体中の筋肉が収縮していく。逃げなくては。そう思った瞬間、今度は左頬に鈍い衝撃が走った。誰かに平手打ちを食らったような痛みだった。

目が覚める。身体は相変わらずキャンプチェアの上だ。手に持っていたはずのグラスは地面に落ちて割れている。その破片に赤々と燃える炎が映った。弾かれたように振り返る。テントが燃えていた。眠っていて気付かなかった。確かに枯葉を払ったはずなのに。手前に居る自分を通り越して、テントの前にはこんもりと枯葉が積もっていた。それが燃えている。半狂乱になって、汲んであったバケツの水を掛けた。少し炎の勢いが弱くなった。今度は焚火の横に刺してあったシャベルで土を掛けていく。そこまでして、漸《ようや》く完全に鎮火した。

肩で息をしながら、京藤さんは膝から崩れ落ちた。危うく、焼け死ぬところだった。それどころか、一歩間違えれば山火事にも発展していたかもしれない。酒を飲み過ぎて火の始末をする前にうたた寝してしまったのは大間違いだった。しかし、確かにテントを張る前、万が一の延焼を避けるため、念入りに枯葉を払っていた。たった小一時間ほど目を離しただけで、テント周りが埋まるほどの枯葉が堆積するだろうか。明らかに、人の手によって枯葉を積まれたような、そんな明確な悪意を感じる。

そこまで考えたところで、先ほど見た夢がまざまざと蘇ってきた。あのウェディングドレス姿の女は、果たして本当に夢だったのだろうか。夢にしてはあまりにも鮮明で、あの女の細部まで思い出せる。鶏のように細長い手足、ベールから零《こぼ》れたバサバサの黒髪、疱瘡だらけの乾いた肌、破れや解れだらけの黄ばんだウェディングドレス……。

それと共に思い出したのが、張られた頬の鈍い痛みだ。あれが無ければ、恐らくテントと共に炎に巻かれていただろう。京藤さんの足腰に、やっと力が戻ってきた。

もう、キャンプを続けようという気持ちは無くなっていた。一刻も早く、この場所から立ち去りたかった。そもそも寝床であるテントは半ば焼け落ちているうえに、その内部も水と泥と枯葉で、とても寝られる状態ではなかった。

仕方なく、懐中電灯の明かりを頼りにテントの内部を片付ける。持ってきたバックパックも、よりによって貴重品を入れている左下部中心に焦げていた。慌てて中身を検める。自宅の鍵は大丈夫そうだったが、携帯音楽プレイヤーは壊れていた。財布の中身も無事だった。

ただ一つ。確かに家に置いてきたはずのものが、貴重品ポケットから出てきた。半年前に貰った、会社主催の花見会の写真だった。京藤さんの横に写っている筈の同僚女性の全身が、まるで煙草の火を念入りに押し付けたかのように焦げている。花見をきっかけに意気投合した彼女と、翌週には一緒にキャンプへ行こうと約束していた。同僚女性の隣で笑う京藤さんの写真には、煤の付いた指紋が、まるで撫でるように付着していた。

結局、京藤さんは今も一人でソロキャンプへ出かけている。亡き妻への巡礼の旅も、そろそろ三周目に突入するのだという。

【懸賞マニアの怪異】

当選通知

（正木信太郎）

ある病院の一室。

K・T様　おめでとうございます。
あなたは、
自転車
が当たりました。

氏名と景品名は手書きで、他は印刷されている。文字がひどく滲んではいるが、辛うじて読むことは可能だ。

「これは？」

「ある懸賞が当たったときの前触れで送られてきたものです」

「ずいぶんあっさりしてますね」

「そうなんですよ。普通は……あっちのようなお祝いの印刷が入っているものなんです」

彼女の視線の先には病室用のテレビ台があり、指さされているのは、十数枚の乱雑に重ねられたコピー用紙だ。折り重なりが横にはみ出ていて何が書かれているか確認できる。

それはすべて、『おめでとうございます！』という祝いの言葉から始まり、懸賞応募のお礼があって、最後に結びの定型文が印刷された当選祝いだった。

「『当選者の発表は、賞品の発送をもって代えさせていただきます』って一度は聞いたことがあると思うんですけど、だいたいは小包の中にそんな感じで一言添えられているんです。普通はもっと長文でお祝いの言葉が並べられているのですが、これだけ違いますよね」

「えぇ……まぁたしかに」

見比べると、彼女のいう通りではある。

しかし、それがどうしたというのだろうか。一般的な長さではないことは理解できるが、簡素で短い祝い状が存在したところで別に何の問題もないのではないか。

「実は……八年前の梅雨のころ」

意図をはかりかねられているのを悟ったのか、彼女は視線を窓に移して語りだした。


懸賞生活。

今から二十年以上前に、ある深夜番組のいちコーナーとして放送されていた企画だ。

当時学生だったTさんはものの見事に触発されたが、応募ハガキを出すのはせいぜい月に三度が限度だった。

就職して経済的余裕ができると、自分のために時間を使えることが増えていった。

そこで早速、初任給で懸賞雑誌を買ってくると応募に没頭した。

新聞の映画試写会、雑誌の読者プレゼント、テレビの無料観覧に企業の商品モニター。

とにかくハガキを出せるところには片っ端から投函していった。

やがて増え始める当選の品。

そこから十二年も経てば、彼女の中にいくつかのジンクスが生まれていた。

ひとつ、当たったらどう使いたいか想いをびっしりと書く。

ひとつ、目立つように絵やマークを色鉛筆で描く。

ひとつ、氏名と住所は水色の油性ペンで書くこれらのことを守ると、不思議と当選確率が上がるというのだ。

ある朝のこと。

いつものように通勤途中のポストに応募ハガキを出すため、それらを鞄に入れて家を出た。

「うわ……」

起きてから窓の外を見なかったTさんはそこで初めて雨天だということに気がついた。

彼女は大きな溜息をひとつついて傘を広げると通りを歩きだした。

最寄り駅までは歩いて約十五分。梅雨時は気圧が下がり頭痛が起きやすいため気が滅入る。加えて、高い湿度が髪のスタイリングを崩してくる。とにかく、良いことなどまったくないのだ。

彼女は駅前までたどり着くと、郵便局脇のポストにハガキの束を投函した。

その後、幾日か経ち、土曜日の昼下がり。

休日だったTさんは部屋で雑誌や新聞に目を通しながら次の標的を定めている最中だった。

――かたん！

何かがドアポストに配達される音が聞こえた。

寝転がっていた彼女は勢いよく起き上がり、玄関に駆け寄った。

「あれ？　なんだろう？」

覗き込むと、狭いドアポストの中にぐにゃりと折り曲がった紙きれが入っていた。

手に取ってすぐさま、ずぶ濡れたハガキだということがわかった。

「おっかしいなぁ……小包みたいな響きだったんだけど」

両手でつまみ、破れないようおそるおそる広げてみる。

K・T様　おめでとうございます。
あなたは、
自転車
が当たりました。

水を含みふやけてしまっているが、読める。自転車が当選したということだ。

「どう……だったかな……？」

当たったことは素直に嬉しい。しかし、普段から応募する量が多すぎて、自転車の懸賞にハガキを送ったか定かではないのだ。

「あぁ……あれかな？」

おぼろげながら応募した記憶がある。先日の雨の日に出したハガキのうちの一枚だろう。よくぞ当てたものだと心の中で自分を称えた。

それにしても、妙なハガキだ。

当選したというが、そもそも景品はいつ送られてくるのか。別送ということも考えられなくはないが、これまでの懸賞活動の中でそんなことは一度もなかった。

裏返して差出人を確認するが、ひどく滲んでいて判別することができない。

どことなく不気味で、少しだけ背筋が寒くなった。

「……よくわかんないけど、そのうちくるでしょ」

Tさんは悪寒を振り払うように独り言ちて部屋に戻り、ハガキをクリアーブックに入れて保存すると、また懸賞の物色に戻った。

翌日。

前日に気味の悪いことがあったこともすっかり忘れて、彼女は買い出しにきていた。

バスロータリーが見えてきて、まわりに通行人や自動車が増えてきたとき。

薄暗い路地から、不意に猛烈なスピードで現れた自転車と衝突した。

——ききぃ！

直後、反動で彼女は車道に倒れ込んだ。と同時に凄まじいブレーキ音が鳴り響く。辺りにゴムの焦げた臭いが立ち込めた。

倒れた衝撃で左腕を骨折したものの、不幸中の幸いか、轢かれる数センチ手前で通りを走っていた車は止まった。

救急車で運ばれ、警察に聴取され、帰宅したのは深夜12時を回る頃であった。

ひとり、自室のベッドに腰掛けたTさんの頭にはずっと『あなたは自転車が当たりました』という、あの不気味なハガキを思い出していた。


一週間後。

その日も仕事は休みで、Tさんは熱心に次の応募対象をあれこれと部屋で考えていた。

――かたん！

ドアポストに何か届いたようだ。

確認しに行くと、先週と同様にずぶ濡れたハガキが二つ折りになって底に落ちていた。

K・T様　おめでとうございます。
あなたは、

蛍光灯

が当たりました。


震える手で慎重に広げると、やはり当選通知だ。

蛍光灯――たしかに応募した記憶はある。電球の中にらせん状に巻いた蛍光灯を入れた新商品が出たとかで、プロモーションの一環なのか、複数の雑誌でプレゼント企画が行われていたのだ。

Tさんは不安に駆られた。蛍光灯で大けがをするとは考えにくいが、警戒するに越したことはない。それが割れたガラスで手を切るのだとしても。


その夜。

彼女は、最近あまり体調の良くない母に代わって台所で夕食の支度をしていた。

「お母さん、もうちょっと待っててね」

「作ってくれるのはありがたいけど、簡単なものでいいわよ？　大怪我してるんだし」

「わかってる、わかってるって」

――がこん！

母に安心してと軽く手を振り、冷凍食品を解凍しようと電子レンジに近づいたその瞬間。

頭上の蛍光灯が傘ごと外れて落下し、Tさんの後頭部を直撃した。

「きゃっ！」

「ちょっと！　大丈夫？」

駆け寄ってきた母に無事だと伝えようと振り返ったところで意識が途切れた。

その最中、蛍光灯の懸賞に応募したのも、雨の日だったことが脳裏に浮かんでいた。

Tさんはその後、救急車で病院に運ばれ、頭部を何針も縫うことになった。傷跡を隠すために、しばらくの間、ウィッグを被る生活を余儀なくされたという。

「そんなことがあって、ハガキを出すときのジンクスがもうひとつ増えたんです」

——雨の日にはハガキを出してはいけない
「でも、それが去年破られてしまったんです」

それは今から四年前の十二月。今年もあとわずかというときだった。

Tさんは、年末年始休みを控え、始発の電車で出勤し、終電で帰宅するような忙しい毎日を送っていた。

この日は運よく終電の一本前の電車に乗ることができた。車窓からは、降りしきる暗い雨が見えた。まるでTさんの疲れ切った心をそのまま映しているかのようだった。

「ただいまぁ……」

傘を閉じて玄関を開ける。

ブラウスの第一ボタンを外しながら廊下を歩き、お風呂の準備をする。

『追い炊きを開始します』

操作パネルの電源を入れて温泉マークを押すと、給湯器の無機質な声が脱衣所に響いた。

湯沸かしが終わるまで、自分のベッドに身体を投げ込んでしばしの休憩を取る。母はもう寝ているだろう。

ふと、Tさんの視線が部屋の机に向けられた。

——無い。

「……え？　ここに置いてあったよね？」

次晴れた日に出そうと思って準備していたハガキがなくなっていたのだ。

「お母さん！」

慌てて母の寝室を開ける。

「うーん……なぁ……にぃ……？」

急に起こされて不機嫌な母のことなど気にせずに、口早に続けた。

「机の上にあったハガキ、知らない？　まさか、出してないよね？」

「買い物に行ったついでに出しといてあげたわよ。そんなことで騒いでないで、早く寝なさい。明日も早いんでしょう？」

「え……？」

Tさんは続けて何かいおうとしたが、礼はいらないとばかりにそれを手で制して、母は起き上がると、トイレに歩いていってしまった。

「どうしよう……」

彼女は廊下で呆然と立ち尽くした。

――かたん。

「……っ？」

不意にドアポストから聞き慣れた音が聞こえた。

ゆっくりと覗き込むと、そこにはずぶ濡れたハガキが一枚。

Tさんは冷たくなった指先でハガキを広げた。

K・T様　おめでとうございます。

あなたは、

きびだんご

が外れました。


「何これ……」

意味がわからない。当たったという通知ではなく、外れてしまったという報せ。

これは何を意味するのか。

彼女は、しばらく思考を巡らせてみたが、理解ができなかった。

食品の懸賞に応募することもある。だが、懸賞に応募するハガキは、昼間、母が出したといっていた中に入っていただろうか。

『追いだきが終わりました』

そうだ、お風呂を沸かし直していたのだ。Tさんは顔を上げてハガキを放り出した。

――どんっ！

次の瞬間。

寝室から何か大きな音がした。

驚いて中に飛び込むと、トイレから戻ってきた母が倒れていた。

抱き起こすとすでに意識がなく、だらりと母の両腕が床に落ちた。

懸賞のことも、風呂のことも忘れ、慌てて救急車を呼んだ。


「結局、母は重度の腎不全からくる意識障害ということで、入院になりました」

窓の外に視線を移し、Tさんは悲しそうにつぶやいた。

「それで、わたしの入院している理由ですが、母に腎臓の片方を提供したからなんです」

そして、景色を見ていた瞳が下に向き、俯いてしまう。

「知ってますか？　きびだんごって、『腎臓を意味する隠語』なんですって……」

窓の外に視線を移すと、すっかり陽は落ちていた。

「本日は、貴重な体験談をありがとうございました。原稿ができたら、内容確認のためにお送りいたします」

軽く会釈をすると、椅子から立ち上がった。

「あ、すみません。今日はほら、良い天気なので、よいしょ……ついでにこの束、一階にあるポストに出しておいてくださいませんか？」


もう雨天時には絶対に投函しないが、懸賞応募の趣味は続けていくとのことだった。

【葬式巡りの怪異】

ぎりぃ

（しのはら史絵）


怪異蒐集家の影絵草子さんから、こんな話を伺った。

彼の知り合いの江口《えぐち》さんの趣味は〈葬式巡り〉。

縁もゆかりもない方たちの葬儀に参列することが、唯一の楽しみであった。

地元はもちろんのこと、休みの日は近隣の県の葬儀場まで足を延ばしたこともあるそうだ。

人の死に興味を持ちはじめたのが、この趣味をはじめたきっかけであった。

「小学校低学年のときに、母方の祖父が亡くなりまして」

祖父はガンを患い、長期間入院していた。危篤の知らせを受け、すぐさま家族総出で駆けつけたが、間に合わなかった。

彼はお祖父《じい》ちゃん子であったという。だが、顔伏せの白い布をかけられ、ベッドで横たわっている祖父を見るのが怖かった。はじめて体験する人の死——遺体を目の前にして、怖気づいてしまったそうだ。

「祖父は身体が大きく丈夫な人でした。でも、遺体にかけられた布団の膨らみが、異様に小さかったんですよね……しばらく会わない間にまるでミイラのように、身体が縮んじゃったみたいで……」

母親の後ろに隠れ、必死に祖父の姿を見ないようにしていた。けれども、気をきかせたのか、親戚の一人が顔伏せを取り「お祖父ちゃん、苦しまずに眠るように逝ったのよ」と、死に顔を見るよう促《うなが》してきた。

江口さんが祖父に懐いていたこともあり、気をきかせたのだろう。

「母も私の背中を押しました。子供ながらに、空気を読んだというか……親戚みんなが悲しみに暮れるなか、嫌だということができなかったんです」

恐る恐る顔をのぞき込む。

一回り程小さくなった祖父の顔は、腐った林檎のように茶色く干からび、皺だらけであった。

紫のインクをつけたような唇、陥没した瞼《まぶた》。首から上の皮全てが、骨にぴったりとくっついているように痩せ細り、体液が出ないよう耳と鼻に詰めた綿が、痛々しさを強調していた。

遺体よりも〈骸《むくろ》〉という字が、ぴったりと当てはまる状態であったという。

「今でもその光景が、生々しく頭に浮かびますよ。子供だった僕にとって、忘れられないショッキングな出来事でした。祖父を喪《うしな》った悲しさよりも、ただただ怖かったんです」

葬儀が終わっても、あのときの祖父の姿が夢に出てきた。その度に江口さんは震えて両親に泣きついていたが、しばらくすると状況は一変する。

江口さんは人の死、いや、死に顔に興味がでてきたのだ。

自分でも何故そうなったのかは分からない。けれども、死に顔に無性に惹かれるようになった彼は、町内で葬儀が執《と》り行われると必ず参列するようになった。

「昔は家で葬式を挙げることが多かったんですよ。知らない子でも〝お焼香を上げさせて下さい〟ってお願いすれば、喜んで家に上げてくれました」

時代は変わり、葬儀が自宅から葬儀場に移っても、江口さんは葬式巡りを止めなかった。

遺族から不審がられないコツは、開始時間から少し経ってから会場にいくこと。入口に子供や学生が多くいるときは、参列をさけた。

子供や若者の葬儀で関係性を問われると、うまく誤魔化す自信がなかったからだ。

「その点、中年や老人だと楽なんです。聞かれても、〝生前、仕事でお世話になりまして〟と答えれば、それ以上詮索されませんから。葬儀の規模は大き過ぎず小さ過ぎない方がいいですね。社葬だと、仕事関係者は通夜に出る方のほうが多いですよ。通夜だと、お別れの儀に居合わせることができないじゃないですか。まぁ、最近のお別れの儀は、親族と親しい間柄の方だけというところが、増えてきましたけど。最悪、死に顔が見れなくても、その場の雰囲気が楽しめたら、それでいいかなとも思うようになりました。たまにあるんですよ、親族同士喧嘩をはじめたり、お坊さんが遅刻したりするハプニングが。それを見るだけでも面白いですからね。芳名帳《ほうめいちょう》には、でたらめな住所と名前を書きます。あ、もちろん礼儀として、少しですが香典は包みますよ。楽しませてもらうんですから、それぐらいは、ね」

そんなある日のこと。秋雨《あきさめ》がしとしと降る肌寒い日であった。

その日も江口さんは何食わぬ顔で、とある葬儀に参列していた。遺影を見ると、白髪が美しい柔和な笑みを浮かべた高齢の男性だったという。

僧侶の読経が響くなか焼香を済ませた彼は、目立たぬよう後ろの列から二番目、更に一番端の席に座った。

時間をつぶすために参列者の様子をうかがっていると、

ぎりぃ……ギ、ぎりぃ……ぎりぎりぃ――。

後方から錆びついた機械音のような音が聞こえてきた。会場の外からではないのは確かだが、油を差した方がいいと思えるほど、不快な音を出し続けている。

後ろの席には誰もいなかったはず……振り返ってもやはり参列者は座っていない。

ただ、会場の隅にスタッフが数名立っているだけである。

気のせいかとも思ったが、音は次第に大きくなっていったという。

ハンカチで涙をぬぐっている者、肩を震わせながらうつむいている者。厳《おごそ》かに式を進行しなくてはいけないスタッフまでもが、全く気がついていないようだった。

大丈夫、怖くない。怖いことなんか、あるものか。

自分に言い聞かせる言葉とは裏腹に、幼い頃に見た祖父の死に顔が頭に浮かんだ。

心を落ち着かせるために、経を読んでいる僧侶に目を向ける。

「あ」

祭壇に高々と飾られた遺影の中の男性が、こちらを睨《にら》んでいた。

先ほど見た遺影の中の優し気なほほ笑みはどこへやら、鬼のような形相で睨みつけてくる。

「気が動転していたので、見間違いかもしれません。でも、気づいてしまったんですよね」

ああ、そういうことか——。

合点がいったとき、ぎりぃ、と耳元で音が響いた。

全身に怖気が走った江口さんは、逃げるように葬儀場から去ったという。

「あの、ぎりぃという音は〝歯ぎしり〟だって気がついたんです……最後の方は、私の耳元で聞こえてましたから、相当怒っていたんでしょう」

帰宅し、喪服を急いで脱いだあと、江口さんは絶叫した。

首から下、身体のいたるところに〈歯型〉がついていたのである。

「それから三日後に大怪我を負いましてね……会社で階段を下りていたら、誰かに突き飛ばされたんです。一番上から、真っ逆さまに落ちましたよ」

薄れゆく意識のなか、背中を押した犯人を見ようとしたが、そこには誰もいなかったそうだ。

この事故にあって以来、江口さんは〈葬式巡り〉の趣味を止めた。

例の歯型は病院に担ぎ込まれたときに、綺麗に消えていたという。

【脱け殻コレクターの怪異】

究極のコレクション

（夜馬裕）


「僕ね、虫とか蛇とか、生き物の脱け殻のコレクターなんですよ」

私の質問には答えず、大坪《おおつぼ》さんは急にそんなことを言い出した。

失礼なことを単刀直入に訊いたせいだろうか。露骨に話を逸らされてしまった。

繰り返し訊いて怒らせては、取材をする意味がない。

とにかく、このまま脱け殻の話を聞いてみることにしよう。

そう思って脱け殻を何個くらい集めたのかを尋ねると、大坪さんは「ネットで夜馬裕さんのプロフィールみましたよ。映画がお好きなんですよね。これまで何本くらい観ました？」

と逆に質問してきた。

小学生の頃から親の影響で映画好きだったので、急に言われても、何千本観たのかわかりません……と返事すると、大坪さんは得意気な顔になり、「でしょ。それと同じです。何個集めたなんて、それを数える時期はとうに過ぎてるんです」と笑った。

大坪さんが脱け殻に興味を持ったのは、十年前、三十歳になった時である。

かなりの田舎育ちなので、十代は自然に囲まれて暮らしていた。

両親は犬を飼っていたし、庭や縁側に出入りするので、毎日餌を与えている猫は五、六匹いた。日が暮れると、灯りに誘われて裏山から虫が大量に集まってくるし、寒くなれば、暖をとるために蛇が室内へ入ってくる。庭の池では蛙が産卵して大量のオタマジャクシが泳いでおり、裏山から下りてくるハクビシンは、よく干物を盗んで行った。

人ではない生き物が、生活に紛れているのが当たり前だったせいか、動物が怖いとか、虫が気持ち悪いとか、そういう感覚は昔からなかった。都市部の大学へ進学し、就職も都会だったので、次第に自然とは縁遠くなったものの、虫一匹を見て悲鳴を上げる人の気持ちは、未だにどうもピンとこない。

本当は犬か猫を飼いたかったのだが、手頃な家賃で借りられるペット可のマンションは都会にはあまりなく、しかも仕事が忙しいので、毎日世話をしないと支障の出る動物は難しい。そんなわけでペットは諦めていたのだが、ある時、職場の同僚から、鳴かないからこっそり飼えるし、哺乳類ほど手間がかからない、しかも綺麗で可愛いと、蛇を勧められた。

調べてみると、餌は数日に一度で良いので、仕事が忙しくても、世話がそこまで大変ではなさそうだ。ペットとして人気の高い種類を選べば、色や柄も綺麗な個体が多いうえ、生き餌を用意しなくても、冷凍の餌が通販で購入できるし、性格も神経質でおとなしい。初心者でも飼いやすい蛇がたくさんいることを知った。

三十歳を迎えた記念に、何か新しいことを始めたいと思っていた大坪さんは、早速、蛇を飼ってみることにした。

生き物が好きな大坪さんには、蛇の居る生活は落ち着くものがあった。普段は水槽の中で飼っているが、慣れると手に載せても嫌がらなくなり、ひんやりした鱗《うろこ》の感触を指先で撫でながら、「よく見ると可愛い顔をしてるなあ」などと、ペットとの生活を楽しんだという。

ある晩、仕事から帰宅すると、蛇が脱皮をしていた。

頭から尻尾まで、そのままの形で、スルッと綺麗に脱げている。

小さい頃、山で蛇の脱け殻を見たことがある。でもそれは、破れて、黴《かび》が生えて汚かった。

脱皮したての脱け殻は、こんなにも綺麗なのか。

感動した大坪さんは、脱皮殻を箱に入れて、クローゼットの奥へ大切にしまった。

ところが、ひと月ほどして箱を開けると、脱け殻には黴が生え、ダニに喰い破られて、酷い有り様になっていた。

あんなに美しかったのに……。次こそ、大切に保管しなくては。そう、心に決めた。

どのような脱け殻であれ、端的に言えば生き物の身体で作られたタンパク質の塊である。不衛生にすれば腐るし、黴が生えるし、虫に喰われる。大切なのは、清潔さと乾燥だ。

だから二か月ほどして、再び蛇が脱皮した時、脱け殻をすぐにぬるま湯と洗剤を入れた風呂桶に入れ、その中で破らないように注意しながら、しっかり丁寧に手洗いをした。

次に、水気をキッチンペーパーでしっかりと拭う。さらにタオルを下に敷くと、皺《しわ》になった部分をそっと伸ばしながら、慎重にアイロンをかけていく。皺がうまく伸びない時は、中に少し空気を送り込んで内側から皮を拡げる。そしてまた、そうっとアイロンをかける。

三時間後、大坪さんの目の前には、真っすぐ滑らかに伸びた、蛇の脱け殻があった。

事前に用意してあった細長い額縁に納め、リビングの上に飾ってみる。

美しい。本当に、美しい。感動のあまり、気づけば涙が頬を伝っていたという。

大坪さんは、動物のはく製や昆虫標本はあまり好きではない。

あれは、獣の死体であり、虫の死骸だ。博物館などに行くと、生前の様子を再現しようと、動きを付けたはく製が飾られているが、大坪さんの目には悪趣味にしか映らない。

その点、脱け殻は違う。死の臭いがしない。ここには、生命の輝きがある。

この日から、大坪さんは脱け殻の虜になった。

手始めは、見つけやすい蝉《せみ》の脱け殻を探した。ちょうど夏だったので、休日を利用してあちこちの公園へ行くと、すぐに十数個採集できた。その中から、欠けておらず、形が良く、大きくて綺麗なものを選ぶ。

持ち帰った蝉の脱け殻は、綿棒で優しく汚れを取り、用意した標本ケースへ納めていく。蛇の脱け殻の傍に飾ると、見栄えが良くて心が躍った。もっと欲しい。そう、思った。

鳴いて生息地を知らせる蝉は見つけるのが簡単だが、他の虫は、脱け殻を探すこと自体が難しい。それでも子どもの頃、虫採りに明け暮れた経験のおかげで、どんな生き物が、どんな場所に居るのか、だいたいの勘所は押さえている。ネットの情報や図書館の資料を集め、蝶やトンボなど、それぞれの虫が棲《す》む場所や、羽化の時期を調べては、休日の度に足を運び、少しずつ、でも着実に大坪さんの脱け殻コレクションは増えていった。

一方で、自宅で飼育する生き物の数も増やしていった。自然採集できる脱け殻の種類は限られている。カブトムシやクワガタのように地中で羽化するものや、ザリガニやサワガニなど水中で脱皮する生き物の脱け殻は、やはり自分で飼育しないと入手が難しい。不可能ではないが、破損のない状態を求めるならば、やはり自宅で飼うのが一番である。

ただ、飼育環境が良くないと、生き物はすぐに体調を崩して脱皮不全を起こす。美しい脱け殻が欲しければ、適当に飼うことは許されない。大坪さんは、休日は野山へ採集に行き、平日は仕事を終えると、自宅に溢れるペットの飼育に、時間もお金も費やし続けた。

給料はすべて、遠征のレンタカー代や、日々の飼育代へ消えていく。

増え続ける脱け殻の保管場所がなくなり、浴室まで埋め尽くしたせいで、ついには銭湯通いをする始末。このままでは、遠からず脱け殻を置く場所がなくなってしまう。

それなのに、ネット通販を利用すれば、珍しい脱け殻がいくらでも買えることを知ってしまった。タランチュラの脱け殻、大蛇の脱け殻、南国の昆虫の脱け殻。お金さえ払えば、欲しい物は無限に手に入る。大坪さんは貯金を切り崩しながら夢中で脱け殻を集めた。

働く時間が無駄だ。採集に飼育、脱け殻のメンテナンスだけでも時間が足りない。

場所も足りない。風通しのよい貯蔵庫や、生き物を飼うための温室が欲しい。

それなのに職場では、ミスが多いとか、服が臭いとか、余計なことしか言われない。

仕事を辞めたい。お金が欲しい。畜生、畜生、畜生。どうして思い通りにならないんだ。

そんな大坪さんの願いが届いたからだろうか。ある晩、伯父が亡くなった。

母方の伯父は、繁華街で酒をしこたま飲んだ後、人通りのない路地裏で酔い潰れてしまい、冬場だったせいで、そのまま凍死してしまった。

伯父はマンションやアパートなど、地元で何軒も不動産を所有しており、その収入は合計すると月三百万円以上もある。独身だったので配偶者や子供もおらず、財産はすべて妹である大坪さんの母親が相続することになった。

ただ、母親は農作業以外に働いたことがなく、不動産のことなどまったくわからない。慣れないことを頑張ったせいか、今度は母親が倒れてしまい、医者が言うには中枢神経をやられたようで、すっかり呆けて車椅子生活になってしまった。

大坪さんの父親はすでに亡くなっており、兄弟姉妹もいない。倒れた母親の面倒を看《み》つつ、母親の代理人として不動産も管理しなくてはいけなくなった。大坪さんは仕事を辞めると、都会暮らしを捨て、田舎へ帰ることを決意した。

実家は、森と畑しかない場所で、裏の山も所有物である。土地が安いので、山まで売ったとしても二束三文、資産価値はまったくないが、今の大坪さんには理想的な住環境だった。

庭があり、池があり、山がある。これまでのように、生き物を小さな水槽で飼う必要がない。自宅の土地そのものが、大きな飼育場のようなものだ。

庭の隣には畑があったが、野菜づくりには興味がない。畑を潰すと、そこにビニールハウスを建て、中にはアクリルのケージをいくつも作り、必要な機器を設置して、大型の蛇や稀少な虫などを飼育するための温室を完成させた。

家も全体的にリフォームした。居住の空間は少なくて構わない。部屋の仕切りを壊し、風通しのよい、脱け殻コレクション専用の巨大な貯蔵室を作った。

所有する不動産のおかげで、必要最低限の管理業務をこなせば、日々働かなくても大金が入ってくる。自分の思い通りの環境を手に入れて、それから数年は夢のような生活を送った。

裏山には元々、たくさんの虫が生息しているが、さらにバリエーションが豊かになるよう、別の場所から採集してきた虫や、通販で購入した虫をどんどん放った。生態系の乱れなどは考えもしない。要は、たくさんの脱け殻が手に入ればよいのだ。

池には、餌となる小魚を入れ、環境を整えるため、水草を入れた。水質が一定に保てるよう、循環装置も設置した。そこにトンボの幼虫であるヤゴや、淡水エビやカニを投入する。自然に近い環境が良いのだろう、採れる脱け殻は水槽飼育とは比べものにならないほど、立派なものばかりであった。

温室では、念願の大蛇も飼育した。大きな脱け殻は、それだけで圧倒的な迫力がある。大きな蛇は年に一回くらいしか脱皮しないが、それでも得られる脱皮殻の迫力と美しさには、他を凌駕《りょうが》するものがあった。

ネット通販を漁って、高価で珍しい脱け殻も大量に入手した。貯蔵庫には海外品専門コーナーを設けて、世界中から集めた、稀少な脱け殻をコレクションした。

とはいえ、そんな生活を何年も送っていると、まったく新しいモノを手に入れるのは困難になる。採集する喜びや、オークションで落札する達成感はあっても、どこかマンネリを感じはじめたのも確かであった。

脱け殻コレクションも、いよいよやり尽くしてしまったか……。そんな一抹の寂しさを感じていたある日、ネットの掲示板である書き込みをたまたま目にした。

「幽体離脱を試したら、最高に気持ちよかった」

これだ！　と大坪さんは思った。

幽体離脱をして、魂だけになり、空っぽになった自分を外から見つめる。

これはつまり、「自分自身」という、究極の脱け殻を観察することができるのだ。

早速調べてみると、いろいろな幽体離脱の方法がある。ただ、何度試してみても、どのやり方を試みても、まったくうまくいかない。

長い訓練が必要なのだろうか。どうにか、すぐに体験できないものか。

そう思って情報を探していると、とあるネットの掲示板で、「催眠術で幽体離脱をしてみませんか」という書き込みを見つけた。

これは、催眠術をかけて、「幽体離脱した」と思い込ませるわけではなく、幽体離脱しやすいように催眠状態へもっていく、ということらしい。

書き込みは催眠術師を名乗る人物で、前払いのみ、一回五万円で、催眠を用いた幽体離脱を体験させてくれるという。

何度かメッセージのやり取りをしたが、文面の限りではまともな人間に思える。結構な金額だが、今の大坪さんには支払える金額である。騙《だま》されても構わない。一度は試したいという気持ちが勝って、水田《みずた》と名乗る催眠術師の元を訪れることにした。

予約を入れて出向くと、郊外の一軒家に住んでいる水田さんは、自宅の中に、防音設備を施した催眠術の専用部屋を設けていた。

アンティークのランプが置かれ、暖色の柔らかい光に包まれた内装は、小綺麗でリラックスできるように作られている。うっすら焚かれた、お香の匂いも心地良い。

大坪さんの想像より、遥かに本格的な雰囲気で、催眠の施術がはじまった。

水田さんは一定の手順を踏みながら、徐々に催眠状態に導いていく。

薄暗い部屋の中で、長椅子に横たわりながら目を瞑《つむ》ると、低く落ち着いた声で、静かに話しかけられる。頭の芯が痺れたようになり、指先からは少しずつ感覚が失われていく。

気づくと、部屋の真ん中に立っていた。

目の前には、長椅子へ横たわる自分が見えている。

――凄い、凄い、本当に幽体離脱できた！

感激していると、水田さんが自分のほうを向いた。

魂だけになっても姿が見えているようで、真っすぐこちらを見つめながら、「あなた催眠術の才能がありますよ」と、少し驚いたような顔で言った。

しばらくして身体に戻された後、水田さんから話を聞いてみると、どうやら大坪さんは、自分に暗示をかけるのが相当上手いらしい。思い込みが強く催眠術にかかりやすい、という人とは異なり、明確な意思を持って自己暗示をかけられるタイプだという。

もっと練習を重ねれば、いつでも催眠術で幽体離脱ができるようになる。そう言われた。

一回五万円は高額だ。うまくのせられているだけかもしれない。それでもなお、実際に体験した幽体離脱の衝撃と、脱け殻となった自分を鑑賞する体験には、得難い興奮があった。

結局、大坪さんはそれから半年以上通い詰め、水田さんから催眠術と、それを用いた幽体離脱のコツを学び続けた。

受講が十回を超える頃には、水田さんなしでも幽体離脱ができるようになった。

二十回を超える頃には、自分だけでなく、教えている水田さんのことも、催眠状態から幽体離脱をさせられるようになっていた。

他人にまでかけられるようになると、もういっぱしの催眠術師である。ただ大坪さんは、幽体離脱にしか興味がないので、他の催眠術は一切習わなかった。

ある時、水田さんから、「催眠状態からの幽体離脱に関しては、もう教えることはない」

ときっぱりと言われた。

当然だろう。すでに水田さんよりも、遥かに上手にできるようになっていた。才能があるから、他の催眠術も習わないかと強く勧められたが、興味のないことに一回五万円は惜しい。水田さんの講習は辞退して、あとは一人で幽体離脱を極めることにした。

今では、一日に何度も身体から抜け出しては、脱け殻となった自分を眺めるという、コレクションにおける究極の形を堪能しているという。

幽体離脱の目的は、脱け殻になった自分を見ることだったので、身体から遠くに離れることはなかったが、講習の際、水田さんからは、そのことを繰り返し注意された。

自分の身体から一定以上の距離が離れると、急に糸が切れたようになり、途端に周囲が何も見えなくなってしまう。訓練をしていない人は、魂の抜けた身体に戻れなくなってしまうから、自分の身体が見えない場所には、絶対に行かないように。そう、何度も口煩《くちうるさ》く言われた。

「それでふと思ったんですよ。身体から魂を遠く引き離したら、自分以外にも人間の脱け殻が作れるよなあ……って。こんな風に」

大坪さんはそう言って、横に座る女性を指さした。

彼の横には、車椅子が置かれており、そこには高齢の女性が、魂が抜けたような、呆けた表情のまま、微動だにせず座っている。

「最初に紹介した通り、母です。あなたの聞きたかったことって、こういうことでしょ？」

そう言うと、大坪さんは嬉しそうにカラカラと笑った。


一時期、催眠術に興味を持って、集中的に取材をしていたことがある。

そんな折、催眠術で幽体離脱をさせられる、という水田さんに出会った。

話の上手な方で取材も大いに盛り上がり、いろんなエピソードを聞かせてもらったのだが、その中で「水田さんよりも催眠術の才能がある教え子がいた」という話になった。

普通は、長い時間かけて催眠を施さなければ、幽体離脱は体験できない。受講者にはそのことはきちんと説明しているのだが、それでも「お金を払ったのにできなかった」とトラブルになったりする。それくらい、幽体離脱に至る深い催眠は難しい。

それなのに、一瞬で催眠にかかった受講者がいた。しかも、魂が丸ごと抜けている。あんなに明瞭な形で身体から抜け出す魂は、後にも先にも見たことがない。

請われるがまま、何度か催眠の方法を講義したのだが、天賦の才に長けており、半年も練習を重ねると、水田さんすらスッと催眠にかけられてしまい、気づくと魂が身体から抜けていた時は、いったいどれだけの才能があるのかと、心底驚かされたという。

ただ、他人の身体から自在に魂を抜けるようになると、突然受講しに来なくなった。その時になって、教え子がその才能を悪用したらどうしようかと不安になってしまった。連絡をとっても、今忙しいので……と会うのを断られる。

そのうち人づてに、彼の親族が亡くなって膨大な資産の管理を引き継いだこと、田舎に帰って悠々自適の暮らしをしていることを聞かされた。まさかとは思うが、お金欲しさに教えたことを悪用してはいないか、少々不安になっている。

もう七年近く会っていない。彼はどうしているのだろう。そんな話を水田さんから聞いて、俄然《がぜん》その人物に興味が湧いた私は、連絡をつないでもらえないか頼んでみた。

とはいえ、どうせダメだろうと思っていたので、水田さんの紹介で、大坪さんから連絡が来たときは驚いた。かなり遠いが、自宅まで来てくれるなら取材に応じて良い、という。

家を訪れて、呼ばれた理由がわかった。大坪さんは、認知能力がなくなり、車椅子生活をしている母親のことを自宅で介護していたのだ。

これでは、遠出も難しいだろう。挨拶や雑談を交わしながらも、母親を側に置き献身的に介護する大坪さんの姿を見ると、失礼な取材をしなくてはいけないことに気が引けた。

とはいえ、水田さんの紹介で、せっかく得た機会である。怒らせたら謝るしかない。まずは訊いてみよう。意を決して、私は取材の目的である質問を、大坪さんにぶつけてみた。

「幽体離脱させる催眠術を使って、他の人に悪いことをしたことはありますか?」と。

そう尋ねたところ、大坪さんからは、冒頭の返答がなされたわけである。

脱け殻コレクションの話は、嘘には思えない。それくらい、情熱的に語ってくれた。

ただ時系列は、水田さんから聞いた話と大きく食い違っている。

水田さんの話では、催眠術の才能に開花してから、資産を得て田舎に帰ったはずである。

だが大坪さんの話によれば、「たまたま」伯父が酔って凍死して、「心労で」倒れた母親の代わりに不動産を管理することになり、「最後に」水田さんと出会ったことになる。

でも、今話を終えて目の前で笑っている大坪さんは、暗に母親から魂を抜いたと告白している。だとしたら、母親が倒れたのは心労が原因ではないし、水田さんに催眠術を習ったのは、やはり資産を引き継ぐ前だった可能性が高い。そのことをもう一度訊いてみよう。

そう思って口を開きかけると、突然大坪さんから笑顔が消え、遮《さえぎ》るように喋りはじめた。

「誰かに一度、話を聞いてもらいたかったんです。でも、十分満足しました。これ以上お聞かせすることは何もありません」

後は、何を聞いても取りつく島がなかった。怒りはしないが、質問は完全に無視される。

仕方なく取材を止めて帰ることにしたが、そうすると急に、「よければ最後に僕の脱け殻コレクションを見て帰りませんか？」と声をかけてきた。

あれだけ熱弁していたコレクションである。興味が湧くので「ぜひ見せてください」と頼むと、「貯蔵庫は家の奥なので」と長い廊下を案内された。

廊下を進んでいくと、折り畳んだ車椅子が、いくつも壁に立てかけられているのが目に入った。そして、奥の貯蔵庫の前まで行くと、扉の前に少し広いスペースがあり、やはりそこにも、立派な車椅子が二台置かれていた。とても、母親だけの車椅子とは思えない。

これは思った以上に、まずい状況かもしれない。全身に鳥肌が立った。

私は「あっ、なんだかお腹が痛くなってきた！　やっぱりもう帰ります。今日はありがとうございました！」と下手すぎる小芝居を打ちながら、逃げるようにして家を飛び出した。

後日、水田さんに電話でこの話を報告すると、彼は真剣な声で「対処する」とだけ言った。

それから何があったのかは、私にはわからない。水田さんも決して教えてくれない。

ただ、一年ほど経ってから、水田さんから連絡が来て、「少し前に大坪さんが亡くなったので、あの話は怪談として自由に使ってくれていいよ」と許可を得た。

だから今、ここに書かせてもらった次第である。

【切り絵の怪異】

ひとり反省会

（若本衣織）


友坂《ともさか》さんが趣味である切り絵を始めたのは、子どもを産んでからだった。

専業主婦になる前はイラストレーターとして働いていたこともあり、切り絵で使う下絵のデザインも自分で行っている。元々細かい作業は得意であったが、フリマアプリで自身の作品が高値で売れてからは、半ば仕事のつもりで製作に没頭しているのだという。

「今までずっと子育てばかりしていたから、無心になって机に向き合う時間そのものが贅沢なんです。だから余計にハマってしまって、作業中はつい自分の世界に没入してしまいます」

切り絵というものはほんの少し力の入れ方を間違えただけで、全ての工程が無駄になってしまうことがある。何時間、何十時間かけようが、集中力が切れた瞬間、真っ新にリセットされてしまうのだ。

「はっきり言って、ミスの原因の九割は子どもです。うちの息子は二人とも少し多動気味なところがあって、予期せぬことをやらかすんです。集中している時に限って机をひっくり返したり、取っ組み合いの喧嘩をしたり。そうかと思えば、何の音も立てずに後ろに立っていることもあるので、その度にデザインナイフへ力が入り過ぎてしまいます。散々叱ったり、お願いもしてみたのですが、まあ小学生なので全然効果はないですね」

一時期はヘッドホンを着けて作業をしていたが、息子さんがカウンターの上のポットを落として大火傷してからは、それもやめたのだと言う。リカバリーできないほどのミスをしてしまった時は粛々とそれを片付け、諦めて一から紙を広げることにしたそうだ。

子どもたちによる「邪魔」に関しては諦観の思いを抱いてはいるものの、やはりミスをした直後はそう簡単に頭を切り替えることはできない。特に完成間近のものをやられてしまった時は、瞬間湯沸かし器のように激昂してしまうのが常なのだという。

「お恥ずかしながら、最初の頃は、都度息子たちに当たり散らしていました。元々、ものすごく口が悪いのもあって、それはもう口汚く息子たちに怒鳴る毎日だったこともあります。でもそれをたまたま帰宅していた夫に見られて、虐待を疑われてしまったんです。それからは物に当たって、殴ったり蹴ったり壊したりしていたのですが、それを見た息子たちが今度は怯えてしまって。結局、今は脳内ひとり反省会に落ち着いています」

「ひとり反省会」とはいうものの、実態は反省会というより罵倒大会に近いらしい。本当は邪魔をした息子やミスをした自分自身に投げつけたい言葉を、ひたすら脳内で繰り返す。

「もう『バカ』とか『アホ』とかは言い尽くしたので、もっと酷い言葉ですね。声に出すのも恥ずかしいんですが、例えば『お前みたいな中途半端な美大出身者が作品なんて烏滸《おこ》がましいんだよ、紙屑が紙屑になっただけだろ』とか『こんなくだらないことでミスなんかするから、不細工で低収入の旦那にぶら下がって生きてくしか出来ないんだよ、この雌豚』とか『馬鹿ガキの躾《しつけ》もまともにできないくせに、刃物なんて扱えるわけがないだろ。さっさと辞めちまえ、無能』とか。もう、とにかくなるべく酷い言葉を使うんです。脳内にスパルタ上司を作ることで、自己肯定感が低い自分自身を安心させているんだと思います」

スパルタ上司は時と場合によって様々で、おじさんの場合やアニメキャラクターや小さな子ども、果ては美しい青年にネチネチと責められる時もある。ある程度、気持ちの整理がつくまでこの反省会は続き、新しい紙を広げる時には脳内の罵声もすっかり落ち着いている。

その日は今にも降り出しそうな空模様だった。紙が湿気を吸って離れにくくなるため、こういう日は切り絵をするには不向きなのだという。加えて気圧性頭痛で体調も優れず、友坂さん自身も何か大きなミスが起きそうだと、どことなく思っていたそうだ。

ただその時期は、友人の結婚式のウェルカムボード用に依頼された作品が佳境に入ってい
たし、新しいデザインナイフが届いたこともあって、その性能を試したいとも思っていた。
土曜日なので、子どもたちは家に居る。友坂さんは息子二人を呼んで念押しした。
「お母さんは今から大事な大事な作業をするから、絶対に一時間は大きな音や声を出したり
しないで。お母さんに何か用がある時は、まず携帯に電話して。お約束できるかな」
普段は滅多に解禁しない携帯ゲーム機をちらつかせると、息子たちはとても良い返事で応
えた後、二人連れ立って子ども部屋に消えていった。友坂さんは安心してダイニングテーブ
ルの作品に向かい合ったそうだ。

滑り出しは順調だった。切り絵は作品中央の細かい部分を先に切り抜き、外側の大きい部
分へと広がるように切っていく。後の方に簡単な部分を残すことで、紙が引き攣って破れて
しまったり、ケアレスミスで細かい部分を切り落としてしまって台無しになってしまう事態
を防ぐことができる。裏を返せば、細かい部分が終わってしまえば、作品自体はほとんど完
成状態といっても良かった。ウェルカムボード用の作品は既に概算二十時間以上掛けていた
こともあり、全ての細かい部分が切り終わった瞬間は長い長いトンネルを抜け出たような気
分だったという。思わず、大きく伸びをしてしまった。その時だった。

ガチャンと大きな音がして、下半身に鋭い痛みを覚えた。何が起きたか分からず、大きな声を出しながら飛び上がる。悶える友坂さんの横には、長男が茫然と立ち尽くしている。声にならない叫び声を上げながら、慌ててジーンズを脱ぎ捨てた。太ももは真っ赤に腫れ上がり、一部は水膨れが破れてしまっている。大火傷だった。

「お母さん、ごめんなさい。一時間が経ったから、コーヒーを淹れてあげようと思って」

オロオロする長男に片付けをお願いし、友坂さんは風呂場のシャワーで脚を冷やした。熱傷は思ったよりも酷く、結局そのまま皮膚科へと直行することとなった。

皮膚科で怪我の処置が終わって帰宅したのは、午後五時を少し回った頃だった。

友坂さんが帰った時、長男と次男は二人でテレビゲームに興じていた。辛うじて割れたカップは片付けられていたものの、ダイニングの無垢板の床には、コーヒーで濡れたジーンズとタオルがそのまま放置されていて、大きな染みになっている。帰り道に降り出した雨のせいで外に干した洗濯物はぐっしょりと濡れていたが、そのまま取り込まれることなく放置されていた。あと一時間くらいで友坂さんの夫が帰宅するのだが、夕飯の支度は何もできていない。部屋の中は、友坂さんが出て行く前より更に散らかっている。

「あ。お母さん、お帰りなさい」

長男は何事も無かったかのように声を掛けてきた。次男はテレビ画面から目を離さずに「腹減った、夕飯何?」と独り言のように呟く。シンクには汚れた食器に混じって、割れたマグカップが転がっていた。どうやら長男は、処分に困ってそのままシンクへと放り投げたようだった。よく見れば、昼食のカレーの油に塗れて、デザインナイフもシンクへ沈んでいる。

「どうしてカッターまでシンクに入れちゃうのよ」

友坂さんは怒りに打ち震えながら、リビングに居る息子たちに問いかける。

「だって、コーヒーで汚れちゃったから、洗っといた方が良いかなと思って」

長男はしどろもどろになりながらも、そう言い訳をしてゲームへと向き直った。

買ったばかりのデザインナイフは、刃の装着部にカレーの油が入り込み、一発で駄目になってしまった。そもそも水に濡らした時点で、繊細な金属は錆びが始まってしまう。

キッチンのゴミ箱の蓋には、コーヒーで茶色く染まった切り絵作品が、まるで干からびた野菜の皮のようにへばり付いていた。不運なことに、ウェディング用にと白い紙を使っていたため、リカバリーは効きそうにない。また最初からやり直しだった。

「ねぇ、夕飯何って聞いたじゃん」

次男の間延びした声が聴こえてくる。長男の視線は既にテレビへと戻っている。ここで怒鳴ったら、また子どもたちを怯えさせてしまう。虐待を疑われるのは最悪だ。

（まあ、クソみたいなお前のガキがまともに育つ訳がないんだし、仕方ないだろ）

脳内で、スーツを着たアニメキャラクターが友坂さんを罵る。

（そうそう、諦めなさいよ。芸術で食っていくなんて、あんたには分不相応なのよ。ただでさえ愚図なんだから、人の百倍努力して苦労していくのがお似合いじゃないの）

今度は脳内でパンチパーマのおばさんが嘲った。

（もう、いっそのこと自殺しちゃえば良いよ。そうすれば、出来損ないのガキどももうだつの上がらないクソ旦那も反省するだろうよ。ほら、さっさと死ね）

シンクの片付けを諦め、友坂さんはダイニングへ戻った。何もする気が起きない。椅子に腰掛け、そのまま机に突っ伏す。頭の中では、ひとり反省会が進行していく。

（死ね、死ね、死ね。とっとと死ね。出来損ないのガキ連れて屋上から飛び降りろ）

（だらしない身体に加えて、髪もバサバサ。顔もシミだらけの中年ババアに、女としての価値もないでしょ。役立たずのガキもぶっ殺しちゃえば、少しはすっきり死ねるでしょう）

（大丈夫、大丈夫。もう十分頑張ったから、ここらで終わらしちゃいましょう）

「お母さん、お母さん！」

揺り起こされて顔を上げると、顔面蒼白の長男とグシャグシャの泣き顔の次男が、震えながら立っている。どうしたの、そう訊こうと思った瞬間だった。

「あーあ、不細工なガキ！　完全に父親似だよ。空気読めないところもそっくりだわ」

出てきたのは野太い男の声だった。息子たちは恐怖に慄いた表情で身を竦めた。

「こいつらのせいで大火傷負わされて、時間かけて作った物もめちゃくちゃにされたのに、反省の色すら見えないじゃない。本当に、惨めよね。最低最悪のド底辺よ、あんた」

今度は酒焼けしたような女性の声だった。明らかに、友坂さんの声質とは異なるものだ。

思わず口を手で塞ぐが、友坂さんの指に噛み付きながら口は好き勝手に動き出す。

「おめーら、何見てんだ。ガキがよ。友達も居ないくせに、家の中だけ粋《いき》ってんじゃねーよ」

「旦那も旦那ですよ。こんな面倒な子どもたちを押し付けて、良いご身分だと思いませんか」

「子どもさえ居なければ、今も第一線の芸術家として活躍できていたかもしれないのに。惜しかったですよね、口惜しいですよね」

老若男女の怒声が、部屋中に響き渡る。友坂さんの唇は引き攣《つ》り、舌を噛み、血塗れになっても尚、動き続けていた。口から出てくる声も複数人同時のものとなり、呻き声や叫び声も加わっている。長男も次男も、友坂さんに抱きつきながら号泣していた。震える二人を掻き抱きながらも、友坂さんの口は勝手に呪詛《じゅそ》を吐き続けていく。顔は涙と鼻水と血でぐしゃぐしゃになっていた。

「おい、何を大騒ぎしているんだ。外まで響いてるぞ！」

仕事から帰宅した夫がダイニングへ飛び込んできた途端、部屋中に響いていた罵倒が嘘のように鎮まった。血塗れで号泣する妻の姿を見て、友坂さんの夫は面食らったようだ。その呆けたような顔を見た途端、友坂さんは物凄い吐き気がこみ上げてきた。抑える暇もなく、コーヒーを吸ったタオルでできた床の染みの上に、吐瀉物をぶちまけてしまった。昼食はカレーだったはずなのに、吐瀉物はイカ墨のように真っ黒だった。そして汚物の中には、鈍く光る物がチラチラと見えた。デザインナイフの替え刃だった。


「今思えば、あれが本当に私の中から出てきた言葉なのか、分からないです。思ってもいないことや、全く使ったことのない言い回しとかもあったので。幸い、息子たちもあの言葉は私じゃないと認識してくれているみたいで、今ではもう立ち直っています」

寧《むし》ろ困ったのは隣近所への弁明だった。老若男女の罵声は外にも響き渡っていて、通報寸前だったらしい。時間も十分程度続いていたとのことだった。

「結局、テレビの故障だということにはしたのですが、今でも少し変な目で見られています」

切り絵自体は今も続けているのだが、ひとり反省会は止めたそうだ。代わりに、ミスをした時は思い切ってその日は外食をしたり、ショッピングをするようにしたらしい。自己肯定感を高めるために通い始めたカウンセリングの効果も出ているようだ。

「それでも、本当に本当に稀にですが、あれが出てしまうこともあるんです」

唐突に「今だ、殺せ」という老人の囁き声が部屋に響くことがあるのだという。

「まあ、その声が聴こえるのは私と主人だけなので、良いんですけどね」

そう言って、友坂さんは恥ずかしそうに笑った。

第四章　縛の怪異

【厄集めの怪異】

厄拾いサークル

（夜馬裕）


「払った後の厄《やく》ですから、人のいらないものを回収する。リサイクルみたいなもんですよ」

瞳をキラキラさせながら話すのは、紗千香《さちか》さんという二十代後半の女性。

祖母がスペイン人という、ラテン系の血が入ったクオーターで、くっきりとした顔立ちのスタイルの良い美人である。はきはきとした口調で喋り、明るい表情でよく笑う。

それだけに、飲み屋で知り合った崎村《さきむら》さんというベンチャー企業の社長から、「最近仲良くしてる子に、厄を拾い集めるのが趣味、という変わり者がいてさ」と紹介された相手が、あまりにも想像と違う女性だったので、すっかり困惑してしまった。

簡単な挨拶や自己紹介をしながら、本当にこの人から「厄拾い」の話など聞けるのかと疑問に思いつつも、「あのぅ……厄を拾うって、そもそもどういうことなんでしょう」と尋ねたところ、先ほどの台詞になったわけである。

厄除け、厄払いは、誰でも聞いたことのある言葉だ。

誤解を恐れずに言えば、私にとって両者の違いは、厄除けが「災厄を寄せつけないようにする」という守りで、厄払いは「災厄を追い払う」という攻めの印象がある。

厄を払う祈祷は寺でも神社でも受けられるが、主に厄除けは寺、厄払いは神社、という区別が大半のようだ。寺での厄除けは、薪を燃やすことで人の煩悩《ぼんのう》を払う護摩祈祷《ごまきとう》が多く、神社での厄払いは、祝詞《のりと》を奏上《そうじょう》する神道の方式である。通常「お祓い」でイメージするのは、神社のほうが多いかもしれない。

紗千香さんがやっている「厄拾い」も、厄除けや厄払いをする神社仏閣へ赴いて行う。

紹介してくれた崎村さんは、「厄を拾うのが趣味」と言っていたが、聞いてみると、どちらかといえば副業に近い。紗千香さんを含めた「霊感の強い」メンバーが集められ、全国各地の寺や神社を巡り、人から払われた厄を拾い集めてくる。

そして、メンバーが集めてきた厄は、「リーダーの実家」と呼ばれる相手が、集めた量に応じて、高値で買い取ってくれるというのだ。

ずいぶんと組織的なので、宗教団体がやっているのか尋ねてみたが、紗千香さんは首を傾げると、「よくわからないし、あんまり興味ないんですよね」と朗らかに笑った。

グループ内でリーダーと呼ばれる女性とは、街中でスカウトされて知り合った。

繁華街を歩いていると、「良くないもの見えるでしょ」と急に声をかけられたという。

確かに、紗千香さんは小さい頃から、影のような黒い塊が見えた。

かといって、幽霊が見えるわけでもない。動かない靄《もや》のような、黒い塊が見えるだけ。

この黒い塊が、周囲の人間には見えていないこと、そして触れると気分が悪くなることを知ってからは、見かけても人には言わず、そっと近づかないようにしてきた。

なぜ見えるのか、その意味はいくら考えてもわからないので、自分には、危険なモノ、良くないモノを避ける才能があるんだ、そう前向きに捉えて過ごしてきたという。

その日も、人通りの多い繁華街の真ん中で、大きな黒い塊が見えた。当然だが、周囲の人間は気づくこともなく、触れながら通り過ぎていく。紗千香さんは触りたくないので、人の流れに逆らって、強引に塊を避けながら歩いた。舌打ちが聞こえたが、知ったことではない。

しばらくすると、後ろから肩をポンと叩かれた。

無理に避けて歩いたから、誰か怒らせたのだろうか。面倒だな……と思いつつ振り返ると、腰まで黒髪を伸ばした、綺麗な女性が立っている。

そして、「あなた、良くないもの見えるでしょ」と声をかけてきた。

とぼけようとしたが、女性が続けて、「あの黒いヤツ、私が作ってわざと置いたの。あなたみたいに、見える人を探してるんだ。その才能を使って、面白いことしない？」と言う。自分と同じモノを見えている人が、他にもいる。新鮮な驚きに、つい誘われるがまま、場所を移して女性の話をじっくりと聞いてしまった。

リーダーは「厄拾いサークル」というものを運営しており、メンバーは現在四人。見え方に差異はあるが、全員似たような黒いモノが見える。触ると具合が悪くなるのも一緒だ。

リーダーが言うには、「通常、厄と呼ばれるモノ」が黒い塊に見える能力だという。彼女の家系には強い霊力があって、祖母は高額の報酬で「呪う」ことを生業《なりわい》としている。呪う方法は、災厄を上手くコントロールして相手の中へ入れ、病気や事故を引き起こすというもので、それに使う材料として、厄を集めているのだ、と説明された。

にわかに信じ難い話だが、事の真偽はどうでもよかった。リーダーから支給される小さな壺を持って、そこに厄を拾い集めてくれれば、高額で買い取ってくれるというのだ。

紗千香さんは、お金に強い執着がある。貧しい家庭に育ったせいで、成績は良くても大学へ進学できなかった。そして就職してからは、どれだけ仕事をがんばっても、高卒の自分にかけられる言葉は、「美人なんだから、早くいい人見つけて結婚しなよ」ばかりであった。

学歴のない美人は、男の添え物。そういうことなら、いいだろう。腹を括って、誰もが羨《うらや》むような資産家の男をつかまえてやる。金持ちになって、馬鹿にした奴らを見返してやる。ちょうどそう思っていた時期に、儲け話をもちかけられた。

稼げるなら、やります。そう即答して、厄拾いをはじめることにした。

紗千香さんには、神社巡りの担当が割り振られた。お寺はダメなのかと訊いたところ、「あなたには、ちょっと危ないかも。神社だけにしておきなさい」とリーダーに言われた。

やることは、実にシンプルだった。

休日を利用して、あちこちの神社へ赴《おもむ》き、渡された小さな壺に、例の黒い塊をたくさん詰めて帰ってくる。素人が二晩以上手元に置くのは危険だときつく言われているので、遠征しても一泊だけにして、二日目の夕方のうちには、リーダーの元へ届けて報酬を得る。

毎回、それを繰り返すだけだ。

いざやってみると、これが結構楽しい。稼げるのはもちろんだが、週末になるとあちこちの神社を訪ねて、全国各地を一人旅する生活は、無趣味だった紗千香さんにとって、有意義なオフの過ごし方になった。

経費はすべて自己負担だが、拾った厄は、数十万円という高額で買い取ってもらえる。だから節約せず、新幹線はグリーン車、宿は豪華な旅館に泊まった。有名な神社に行けば、そこは観光地でもある。厄拾いの遠征をするだけで、十分に旅気分が味わえて楽しかった。

不思議なことに、普通に神社へ行っても、黒い塊を見かけることは滅多にない。ただ、渡された小さな壺を持って入る時だけ、石畳や木々の間、砂利の中から湧き出るようにして、小さな黒い塊がフワフワと浮き出てくるのだ。

壺の口には、文様の描かれた木の蓋が嵌《は》められている。それを外して口を開け、壺を黒い塊に近づけると、ヒュッと吸い込まれるようにして中へ入る。触って集める必要はない。

握り拳程度の小さな壺なのだが、どういう仕組みなのか、面白いほどいくらでも黒い塊を吸い込んでいく。ただ、その度に、どんどん重さも増していく。

厄拾いには、いくつかルールがある。

危険なので、厄の詰まった壺は、二晩以上手元に置かないこと。

厄が落ちるので、神社から出るときは、決して鳥居をくぐらないこと。

日中は何度でも壺の蓋を開け閉めしながら、あちこちで厄を拾って構わないが、陽が落ちてからは、決して蓋を開けないこと。

中でも、一番重要なルールがひとつある。

境内を出るまでは、手で壺を持ったまま、どこにも置かないこと。そして、壺から手を離さないこと。重いからといって、鞄に入れたり、床に置いて休んだりしてはいけない。

壺をどこかに置いたり、壺から両手が離れた途端、拾い集めた厄がすべて、自分に降りかかってくる、というのである。

厄の買い取り値は、集めた量に従って高くなる。

だから極限まで詰め込みたくなるのだが、持てる重さを超えると大変なことになるので、それだけは十分気をつけるようにと、事前に何度も念を押された。

とはいえ、ずっと手に持つ必要はない。神社の敷地を出れば、壺はスッと軽くなる。

そうなれば、手を離し、鞄に入れて持ち運んでも構わない。あくまでも手を離してはいけないのは、そして壺が重く感じられるのは、境内の中だけなのである。

いったいなぜなのか、リーダーに理由を訊いてみたが、「あなたは知らなくていいことよ」と、何の説明もしてもらえなかった。自分よりも長い他のメンバーにも訊いてみたが、やはり理由は誰も知らないようだった。

厄には、たくさん拾える時と、そうでない時がある。法則性はまったくわからないが、同じ神社、同じ場所、同じ時間帯でも、黒い塊がたくさん湧く時もあれば、まったく見かけない時もあり、神社へ行けばいくらでも拾えるというものではなかった。

だから、たくさん拾える時は、できるだけ壺に詰めていきたい。でも、集まりやすい時は、黒い塊が次々に壺へ吸い込まれるので、一気に重くなってしまい危険である。そのせいで、何回か壺を取り落としそうになり焦ったこともある。

一度に渡してもらえるのは、一つの壺だけ。理由を訊くと、これは単純に「何個も持つと危険だから」とのことだったが、集めた量が報酬と比例するだけに、せっかく収穫の多い時は、もっと拾い集めたいのに……と大変悔しい気持ちになった。


その頃、紗千香さんには、別れ話をしている最中の、光毅《こうき》さんという恋人がいた。

職場の上司だったが、配属された紗千香さんにひと目惚れし、猛アタックの末に付き合った。紗千香さんからすれば、直属の上司なので、誘いを断りづらかった、というのもある。

ただ、付き合ってみると、すぐに後悔した。職場での冷静な仕事ぶりが嘘のように、嫉妬深く、束縛ばかりする性格で、過度の干渉に口ごたえすると、「お前はどうして、俺の愛情がわからないんだ」と泣きながら手を挙げる。

それでも、職場の上司でいるうちは我慢していたが、光毅さんが左遷されて別の支店へ異動になったことを機に、彼に別れ話を告げた。

ところが、光毅さんはまるで納得しなかった。いくら別れたいと言っても、「お前のようなちょっと顔が綺麗なだけの女は、ちやほやされるのは今だけだ。年をくったら誰にも相手にされなくなるぞ」とか、「お前みたいに生意気な女のことを、こんなに愛してやってる俺の気持ちがわからないのか」などと言って、まったく別れようとしてくれない。

ちょうど厄拾いをはじめた頃だったので、紗千香さんはそちらに専念したい気持ちもあり、無理に揉めるのを避けて、すぐに別れない代わり、しばらく距離を置こうと提案した。

一度は了解した光毅さんだが、数日で耐えられなくなったようで、週末、彼女のアパートまで抜き打ちで会いに来てしまった。ただ紗千香さんは厄拾いに出ているので家に居ない。

光毅さんも勝手に会いに来ているので、最初は諦めて帰っていたが、何度休日に来ても不在なので、さては他に男がいるな……と思い込んでしまった。そこで、翌週は金曜の夜から寝ずに家の前に張り込み、土曜の朝、外出する紗千香さんの後をつけていくことにした。

ところが、予想を裏切って紗千香さんは男と逢うことなく、新幹線へ乗り込んでいった。思わず同じ新幹線に飛び乗ったが、やはり男が現れる様子はない。いったい、どこで降りるのだろうと不審に思っているうちに、とうとう東北まで来てしまった。

混乱する頭でさらに後をつけると、紗千香さんは神社に入っていく。そして、手に何かを持ったまま、境内の中をうろうろと一時間以上彷徨《さまよ》っている。

我慢できなくなった光毅さんは、とうとう紗千香さんに声をかけてしまった。

だから紗千香さんが彼の声に驚いて振り向いた時、そこには困惑した表情の光毅さんが、「ごめん後をつけてきちゃった……。ねえ何してるの?」と不安そうに立っていたという。

約束を破って勝手に家まで会いにきていたうえに、浮気を疑ってここまで後をつけてきたという、彼の一方的な話には怒りが湧き上がったが、その日は厄がよく拾えていたので、ここで邪魔をされたくはなかった。何かわかりやすい説明をしよう。そう考えて、「ここはパワースポットだから、ご利益を集めてるんだよ」と手に持った壺を見せた。

黒い塊が見える話は、光毅さんにしたことがある。当然信じるわけもなく、女はスピリチュアルな話が好きだよなあ……と馬鹿にされたが、そんな前提があるおかげで、紗千香さんが最近パワースポット巡りをしているんだ、と説明したところ、彼はすぐに信じてくれた。

これは使えるかも、そう紗千香さんは思った。

今日は、厄がたくさん湧いている。まずはいったん神社を出て、自分のターンを終わらせる。その後、彼に壺を渡して神社に戻り、「ご利益集め」と騙《だま》しつつ、厄を拾わせよう。腕力は自分よりも遥かにあるから、多少重くなっても彼ならたくさん拾えるはずだ。

そう考えた紗千香さんは、壺を抱えたまま彼を連れて神社を出た。近くの喫茶店へ入り、「会いに来てくれて嬉しいよ」と彼の機嫌をとりながら、これは偉い先生に貰った壺であること、壺の中にパワースポットのご利益を詰めに訪れたこと、ご利益が溜まると壺はどんどん重くなるけど、決して境内を出るまで置いたり手を離してはいけないこと、自分よりも力持ちの彼にも、ご利益集めを手伝って欲しいこと、そんな話を簡単に伝えた。

後をつけたことを怒られると思っていた光毅さんは、紗千香さんが優しく接してくれるうえ、頼み事までされて嬉しかったのか、「まかせろ！」と二つ返事で引き受けてくれた。

喫茶店を出ると、今度は光毅さんに壺を持たせて、再び神社の境内へ入り直す。

彼には厄が見えないので、紗千香さんの言う通りに、壺を持って動いてもらう。

冷静に考えれば相当変なことをさせられているのだが、光毅さんは「こっち？　ここ？」などと言いながら、紗千香さんの言うことを素直にきいてくれる。

紗千香さんは、自分が壺を持たなければ、厄は出てこないのでは……と少し不安に思っていたが、それはどうやら思い上がりだったようだ。壺さえあれば、誰が持っていても、例の黒い塊は次々に湧き出てくる。

光毅さんは厄を見ることが出来ないとはいえ、徐々に壺が重くなってくるのは感じている。ええっ、マジかよ……と目を丸くしながらも、ますます必死になって、紗千香さんの言う通り、あちらに行き、こちらに行きを繰り返した。

紗千香さんは夢中になって指示を出していたが、よく見ると、壺を持つ光毅さんの手が、重さに耐えかねて明らかにプルプルと震えていた。もう止めなくては。そう思って声をかけようとした時、目の前の草むらから、他よりもひと回り大きな黒い塊がふわっと飛び出て、壺の中へスウっと吸い込まれていった。

突然重くなったからだろう、光毅さんは「うわっ！」と声を上げて、次の瞬間、彼の指から壺が滑り落ちた。勢いよく砂利に当たった壺は、パキンと音を立てて粉々に割れる。

その途端、光毅さんが「ええーっ、なにこれ？」と大きな悲鳴を上げた。

そして、アッ、アッ、アッと引き攣《つ》った声を出した後、その場にストン、と腰を抜かした。

ただ、紗千香さんの目には、何も見えない。

壺が割れ、何が出てくるのかと身構えたが、破片が散らばっただけで、中からは何も出てこなかった。そのはずなのだが――。

「大丈夫……？」と訊いても、光毅さんは地面にへたりこんだまま、茫然として反応がない。

とにかく、壺の破片だけでも集めなくては。そう思った紗千香さんは、砂利に散らばった欠片を必死に集め、ハンカチにくるんで鞄にしまった。もう、重さは感じない。

集め終えて顔を上げると、すぐ横に居たはずの光毅さんが姿を消していた。

辺りを見回しても、彼の姿はどこにも見当たらない。

懸命に境内を探して回ったが、結局、光毅さんを見つけることはできなかった。

参拝時間が終了になったので神社を後にしたが、その後、何度携帯電話に連絡をしても、光毅さんからは何の連絡も返ってこなかった。

彼の行方がわかったのは、それから三日も経ってからのこと。

いつの間にか帰宅した光毅さんは、ベッドの柵に紐をかけ、首を吊って亡くなっていた。遺書らしきものはなかったが、仕事の左遷や、恋人である紗千香さんとの別れ話があったので、光毅さんの死は、自殺ということで処理された。

壺については、「間違えて割ってしまった」と嘘をついて、集めた破片を返却した。リーダーは紗千香さんをじっと見つめた後、「あなたが無事ならいいのよ」とだけ言うと、すべてお見通しとでも言わんばかりの顔で、ふふふ、と笑ったという。

怒られることもなく、次回からはまた新しい壺が支給されたので、紗千香さんはそれを使って、その後も厄拾いを続けているそうだ。

ひとしきり話し終えた紗千香さんに、厄拾いはいつまで続けるつもりなのか尋ねてみると、「もう二年以上がんばったから、相当のお金が貯まってるの。目標まであと少し。危ないのはわかってるから、達成したら辞めるつもりよ」と爽やかな顔で答えた。

何か欲しい物でもあるんですか、僕なら家でも買いますけど……と重ねて訊くと、紗千香さんは呆れたように笑いながら、「貯金くらいで簡単に人生は変わらないわ。私はね、貯めたお金を上手に遣って、本物の勝ち組になってみせるつもり」そう力強く話してくれた。

それから一年以上経って、久しぶりに、社長の崎村さんにバーで出会った。

しばらく顔を合わせていなかったので、紗千香さんを紹介してくれたお礼すら直接言えていなかった。まずは謝意を伝えつつ、最近はどうされていたんですか、と彼に話しかけると、

「一年前、妻が癌で急死してね。まだ若いのに可哀そうなことをしたよ。とはいえ、僕がバーでよく女性を口説いてるところを、君にはしっかり見られているから、素直に言っちゃうと、妻以外にも恋人がいてね。三か月前に、その子と再婚したんだ」と告げられた。

そして、「待ち合わせているから、もうすぐ今の妻もここに来るんだ。せっかくだし、一緒に乾杯しよう」と言って、崎村さんは悪戯《いたずら》っぽい表情でニコッと微笑んだ。

しばらくして、店に紗千香さんが姿を現した。

私が吃驚《びっくり》していると、崎村さんは「二度目だから、紹介はいらないよね」と笑っている。

紗千香さんは、「まあ、意外な再会ね」と驚きながら、少しバツの悪そうな顔をした。

話を聞くと、崎村さんと紗千香さんは、結構前から付き合っていたようだ。

私に紹介してくれた時は、実はもうとっくに、男と女の関係だったという。

ただ、崎村さんには妻がいた。ベンチャー企業の共同経営者なので、株の半分は妻が持っている。紗千香さんのことは好きだが、妻と離婚するのは、せっかく軌道に乗ったビジネスを台無しにしかねない。あくまでも、紗千香さんとは浮気どまりのつもりだった。

ところが、一年ほど前、妻に癌が見つかった。わかった時には全身に転移しており、余命

三か月と言われてしまい、実際、それからひと月も保たなかったという。

妻と死別した崎村さんを、紗千香さんは励まし、支えてくれた。共同経営者を失くして苦労もしたが、紗千香さんの温かいサポートのおかげで乗り越えることができた。

崎村さんは、そんな紗千香さんと再婚を決意したのだという。

これだけを聞けば、いい話である。私もお祝いを述べて、三人で乾杯をした。

やがて、酔った崎村さんが、ソファに埋もれて眠りはじめた。

紗千香さんと二人きりになったので、私は気になっていたことをやっと訊くことができた。

――厄拾いで貯めたお金、何に遣ったんですか。

――もしかして、頼んだんじゃないですか、人を呪ってくれ、と。

私が思いきってそう尋ねても、紗千香さんは返事もせず、ただゆったりと微笑んでいる。

崎村さんが、紗千香さんと関係を持ったのが、何年前かはわからない。でも、話の内容から、すでに二年以上は経っているはずだ。だとしたら、紗千香さんが光毅さんと付き合っている時、すでに二人は出逢っていたということになる。

やり手で資産家の社長と知り合い、男女の仲になった。

このまま、自分のモノにしたいが、それには邪魔者が二人いる。

暴力を振るう恋人。そして、決して離婚しない彼の妻。

――光毅さんのことですが、本当は最初から失敗させるつもりだったのでは。
――何も教えずに、壺を持てなくなるまで、わざと集めさせ続けた、とか。
私が続けてそう訊くと、紗千香さんは微笑みながらこう言った。
――もしそうだったら、あなたどうするつもり？
――私は、目標通り、とてもお金持ちになった。
――そして、お金さえ払えば、呪いをかけてくれる人を知っているのよ。
――言ったでしょ、本物の勝ち組になる、って。
そうして、眠っている崎村さんを愛おしそうに撫でながら、またゆったりと微笑んだ。

この原稿を書く前に、紗千香さんの近況を聞いた。
通信制で大学を卒業し、今では会社の経営にも参画している。
崎村さんとの間には、可愛い男の子も産まれたそうだ。
きっと、今でも厄拾いサークルのリーダーとは付き合いがあるのだろう。
もしかすると、顧客を紹介しているのかもしれない。
厄を拾い、人を呪う。それが本当なら、とても褒められた生き方ではあるまい。
それでも私には、彼女の力強い生き方が、どこか美しく感じられてしまうのだ。

【事故物件内見の怪異】

予測不可能

（しのはら史絵）

関田《せきた》さんは大学時代〈事故物件内見〉を趣味としていた。

高校三年生のとき、はじめて見た某事故物件公示サイトに影響を受けたそうだ。

このサイトの誕生は彼にとても衝撃を与えた。元々、オカルトや都市伝説、心霊現象などに興味があったこともあり、すぐに夢中になった。

けれども受験生でもあった関田さんは、勉強に専念しなければいけない身。だんだんとネットを見る余裕も時間もなくなってきた。

そこで彼は大学に入学したあと、不動産屋を巡ってみようと思いついたそうだ。

もともと地元以外の大学を志望していたので、合格したら親元を離れなければならない。ならばいっそのこと部屋を借りるふりをして、色々な事故物件を内見した方が早いという訳だ。実際に住むのは怖いが、部屋を見ている際に何か不可思議な現象でも起きたらいいな、という軽い気持ちでいたという。

そんな彼は入学して早々、一人で様々な町の不動産屋を訪ね歩いた。

当時は、今よりも事故物件に住んでみたいという人が少なかったのだろう。

「学生でお金がないから、事故物件に住みたい」と相談すると、みな一瞬、驚いていたが、ほとんどの不動産屋はその手の部屋を案内してくれたという。

孤独死、自殺、殺人事件――。

入学してから約一年半もの間、ありとあらゆる物件を内見してきた。

普通のリフォーム済みの部屋にしか見えない物件も多かったが、目が肥えてくると説明を受けなくても、些細な違いが分かるようになってきたという。

和室の部屋の畳が二枚だけ新しいものに取り換えられている部屋、不自然な位置に取り付けられたままの風呂場の手すり、殺人事件が起きた3LDKのファミリータイプの部屋は、一部屋だけドアと壁紙が違うものであったという。

ただ、最初こそ事故物件に触れ興奮していた関田さんであったが、彼はだんだんと事故物件自体に飽きはじめていた。

内見開始後から、不可思議な現象が何も起きなかったことも原因の一つだった。

だが怪異というものは、予期せぬときに予想もしない状態でやってくるものである。

関田さんが大学二年時の夏休みに体験した話だ。

その頃の彼は同じ大学の友人である弘人《ひろと》さんと、２ＤＫの広めのアパートの部屋を借りてルームシェアをしていた。弘人さんからは呆れられていたが、事故物件を内見する趣味は続けていたという。ただ、当初と比べて内見する回数は各段に減ってはいた。

そんなある日、彼は居酒屋のバイトの仲間から「入居者が次々に不審死を遂《と》げるアパートがある。しかもいま、誰も住んでいないらしい」との情報を教えてもらった。

そのバイト仲間の学校の近くにあるアパートで、近所でも噂になっているとのこと。

部屋番号までは分からなかったが、帰宅したのちＰＣを使い「〇〇ハイツ　賃貸」と検索すると、一件だけ賃貸情報がヒットした。

アパートは築九年で間取りは１Ｋ。三畳ほどの狭いキッチンと六畳の洋室であった。

そしてサイトに載っていた部屋の画像も見たが、単身者用の物件では珍しくバス・トイレが別なだけで、特に変わった点も見当たらない。

そして通常、事故物件であれば〈告知事項あり〉との記載があるはずなのに、それも書かれていなかった。ただし、家賃は相場より並外れて安かったそうだ。

彼は半信半疑ながらも、その物件を扱っている不動産屋に向った。

もし、〈入居者が次々に不審死を遂げる物件〉が本物なら、どうしてもこの目で確かめてみたかったのだ。


結論からいうと、噂は本当であった。

不動産屋のカウンターでくだんの空き部屋について事故物件かどうか尋ねると、社員はしどろもどろになりながらも肯定した。また、その物件を借りようかと考えている旨を伝えると、驚愕の表情を浮かべながらも案内してくれたという。

部屋に入ると、綺麗にリフォーム済みであった。

キッチン、バス、トイレと順に見ていったが、特に気になるものはない。

だが、六帖の洋室の窓側上部に、不自然な梁が出っ張っていた。

色々な物件を見てまわった彼は、すぐにピンときたという。

「あの梁……もしかして前にこの部屋、ロフトがついてませんでした？」

「そ、そうです。よく分かりましたね」

以前はその梁でロフトを支えていたが、一つ前の住人がロフト横に取り付けてあった転落防止の柵に、ロープをかけて首を吊ったらしい。リフォーム時に縁起が悪いとロフトを取り壊したが、建物の構造上、梁だけは外せなかったそうだ。

「あのう、本当にこの物件を借りるおつもりですか？」社員が心配そうな顔で聞いてきた。

バイト仲間が話していた通り、この部屋に住む住人は一人を除いて皆、亡くなっていると説明を受けたという。一つ前の住人の首つり自殺以外にも、孤独死、ガス自殺、心臓発作による突然死、行方不明者も出ているとのことであった。

「その都度、お祓いはしているのですが、効き目がないようでして……」

物件を貸すことが仕事である不動産屋の社員でも、良心が痛むのだろう。「止めたほうがいい」と、関田さんに伝えてきたそうだ。

「もう少し、考えてみます」彼がそう答え、部屋を出ようとしたときであった。

玄関で靴を履いていると、誰かに見られているような鋭い視線を感じた。

顔を上げ部屋を見渡してみるが、特に変わった様子はない。社員も異常を感じている素振りはしていなかったので、気のせいかと思いその場をあとにした。

あの噂は真実であった。その事実だけで関田さんは十分満足していた。

弘人の奴、この話を聞いたら驚くぞ。

そうワクワクしながら玄関のドアを開けると、弘人さんは外出しているのか部屋の中は真っ暗であった。いないことに多少はがっかりしたが、誰かと飲みにでも行ったのかと、そのときは特に気にしなかったという。

けれども、弘人さんはそれから四日経っても帰ってこなかった。最初は誰かの家にでも泊っているのかもしれないと考えたが、さすがに四日間音沙汰なしだと不安になってくる。何かあったのではないかと心配になった彼は、大学の友人全員に電話をかけてみたが、誰も弘人さんの行方を知らなかったという。

そうこうしている間に、夜も更けてきた。

関口さんは弘人さんから、実家の電話番号を聞いておかなかったことを後悔していた。明日までに帰ってこなかったら、大学と警察の両方に相談してみよう。

胸騒ぎが止まらない関田さんであったが、とりあえずベッドに入った。

眠りにつこうとして、どれくらいの時間が経ったのだろうか。あれやこれやと考えていると、やはり寝付けなかったという。

喉が渇いた彼が飲み物を取りにいこうとして上体を起こすと、屋根裏から物音が聞こえてきた。耳を澄ましてしばらく聞いていると、弘人さんの部屋の天井裏から聞こえてくるようだった。

しかもその物音はネズミの類によるものではなく、人間の足音のように聞こえた。

弘人の部屋に誰かがいる。天井裏に潜んでいるのかもしれない。

この異常な状態に尻込みしそうになったが、泥棒だとしたら放ってはおけない。

関田さんは音を立てないように静かにベッドから降りると、護身用に置いてあったバットを持ち、ソーッと自分の部屋から出た。

弘人さんの部屋のドアを少しだけ開け覗いてみると、人影が押入れから出てくるところであった。

やっぱり泥棒だ、捕まえてやる。

そう考えた彼は意表を突くため思いっきりドアを開け、すぐさま部屋の電気をつけた。

すると部屋の中にいたのは、弘人さん本人であった。

「……お前、何やってんだよ？」驚きのあまり彼が大声を出すと、弘人さんは唇に指を当て小声で「シッ……静かに」と、促してきた。

そして何かを探しているかのように辺りを見回し、耳をそばだてている。

「よし、あいつはまだ寝ているようだな。小さい声で話そう」

「あいつって誰だよ？」他に聞きたいことは山ほどあったが、弘人さんの奇妙な行動に呑まれた彼は、それに合わせるかのように小声になっていた。

「関田も知ってるだろ？　借金取りだよ」

「は？」

「はって……お前が連れてきたんだろうが」

「ちょっと意味分かんないんだけど……弘人お前、今までどこにいたんだよ？」

「だから、借金取りから逃げるために、ずっと天井に隠れてたんだって」

「おいおい、大丈夫か？」

あきらかに弘人の言動はおかしかった。居もしない借金取りに怯え、天井裏に四日間も隠れているとは。おそらく自分が外出しているときか寝ている間に、トイレや食事などを済ましていたのだろう。

「あ、マズい！　あいつが起きてきた！」顔色を変え、弘人さんは慌ててまた押入れに入ろうとした。

「お、おい弘人、ちょっと待てよ！」関田さんが腕を掴んで引き止めると、弘人さんはすぐさまジーパンのポケットから携帯を出し、手渡してきた。

「頼む、母ちゃんに今すぐ連絡してくれ」

「母ちゃんって……」

「母ちゃんなら、助けてくれるから！」弘人さんはそう叫ぶと、呆然としている関田さんを残して押入れに入り、また天井裏へと隠れてしまった。

確かに今の状態だと自分一人ではどうにもならない。そう判断した彼は、弘人さんの母親に連絡することにした。

携帯の連絡帳を開くと、すぐに「母」という文字が目に留まった。

真夜中であったので少し躊躇したが、今は緊急事態である。どうか出てくれと祈りながら、電話をかけるとすぐに繋がった。

「夜分遅くにすみません、弘人さんと一緒に住んでいる関田です」

そう挨拶しても、向こうの反応は全くなかった。

「もしもし、あのすみません」もう一度話しかけると今度は、クスクスという女の笑い声が聞こえてきた。

「あいあーい、わたしがお母さんだよぉおおおお」

全身の肌が粟立ち、とっさに電話を切り投げ捨てた。電話に出た女は、弘人の母親なんかじゃない。人間ではない何かだと直感したからだ。

あまりの不気味さに立ちすくんでいると、床に落ちている携帯が鳴った。

画面には先ほど電話をかけた「母」の文字が、映し出されている。

彼はそのまま脇目も振らずに、隣町に住んでいる友人宅へ走って逃げ込んだそうだ。

次の日、弘人さんを放っておく訳にはいかないと、関田さんは事の顛末を一部始終話していた友人についてきてもらい、自分のアパートへと戻った。

友人と二人で弘人さんの部屋に入り天井裏を見てみたが、彼の姿はどこにもなかった。

「それから、弘人の実家の電話番号を知ってる奴を必死に探して、かけてみたんです。そしたらやっと、本物の母親とつながって」

弘人さんは実家に戻っていた。帰ってくるなり体調がおかしいと訴えてきたので、こっちでしばらく療養させると、彼の母親は話していたそうだ。

「それを聞いてひとまずはホッとしました。でも、夏休みが終わったら帰ってくると思ってたんですけど……」

弘人さんは大学には戻ってきていたが、アパートには帰ってこなかった。

彼の実家から大学までは、片道だけでも三時間ほどかかるはずだ。実家から通うのには無理があり過ぎる。

不思議に思った関田さんが「今、どこに住んでるんだ？」と聞いても、弘人さんは何も答えずにその場から去っていった。

「弘人は人が変わったみたいに無口になって、いつもボーッとしていました。どうしてそうなったのか全く分からなかったけど、俺があの日、例の事故物件を見に行ったせいかもしれないって、何となく責任を感じちゃって……」

少しでも手がかりが掴めればと、関田さんは後日再び、くだんの事故物件の部屋に行ってみた。

「そしたら、もう空き家じゃなかったんです。俺が行ったとき、ちょうど弘人があの部屋から出てきて、びっくりしました……まさか、あの部屋を借りてるなんて」

扉の前でバッタリ会っても、弘人さんは無反応だったそうだ。

それから関田さんは弘人さんと疎遠になり、今では彼がどうしているのかも知らないという。

「明らかに俺のせいなんですけど、弘人は口をきいてくれないし、どうしようもなくて。霊障があるなら、俺の方にあるはずですよね。ほんと、なんでこんなことになったのか……。俺が事故物件を見学することに飽きてきたときにすっぱり止めていれば、こんなことにはならなかったんですよね……」

別れ際、関田さんはそう語ると悔しそうに唇を噛んでいた。

【旧車愛好家の怪異】

憧れのドライブ

（若本衣織）

佐々木《ささき》さんは古いスポーツカーが好きで、自身も中古車販売を生業としている。特に愛してやまないのが一九七〇年代、一九八〇年代の国産スポーツカーなのだが、これらは近年の旧車ブームと国外への輸出解禁によって価値がとんでもなく高騰している。発売当初は五〇万円程度だったのに、現在は三百万円以上の値が付く高級車となったものもある。四〇年近く経った可動車自体が希少な上、今はその多くが海を渡っているため、状態の良い車両は市場に中々出回らない。ガレージの片隅で眠っている車体が発見されたという報があれば、界隈はお祭り騒ぎになるくらい熱狂的なファンが多いのだという。

旧車趣味のもう一つの難点は、故障時やメンテナンス時に修理用パーツが手に入らないことである。ものによっては、生産が終了してから数十年経っているため、社外品にしても、往々にして手に入らない事態が起こる。仕方なくレストアして中身を大幅に改造することで凌ぐという手段もあるものの、それでは最早、本来の旧車の良さが無いと頑なに幻の部品を探し求めている者も少なくない。

そんな時に天の助けとなりえるのが、放置車両である。草むらヒーローの略称で「草ヒロ」などの愛称で呼ばれているものもあるが、放置車両自体は大きく分けて二種類ある。

一つは事故や故障、もしくは車検切れ等々、何らかの事情によって放置されたものだ。車体の多くは木や藪に突っ込んでおり、半ば土に還っているものもある。処分するにしてもそこその金額がかかるため、不法投棄されている場合が多い。

もう一つは、持ち主が死亡等で乗らなくなり、敷地の片隅で持て余しているパターンだ。廃車手続きや名義変更等が億劫《おっくう》、もしくは方法が分からないため、朽ちるに任せているといった状態である。いずれにせよ、本来なら何某《なにがし》かの手続きを取って車体を保持すべきところ、色々な「面倒」が優って、ただ草むらで永久に放置され続けているのだ。

ボディが錆びれば、車の寿命は近い。そうなってくるとフレーム部分はバラバラにして、部品取りを行うしかない。ただ放置され「無駄死に」するくらいなら、自らレストアして第二の「車生」を全うさせてあげたい。放置車両を見掛ける度、佐々木さんはそう思うのだという。

その車を見掛けたのも偶然だった。冬のある日、取引先へ納品に行った帰り、新しい道を開拓しようと普段通らない道を選んだところ、林道横の空き地で、枯れた藪に飲み込まれかけている国産のスポーツカーを見掛けたのだ。七〇年代半ばに発売された2ドアクーペ。遠くからでも、その特徴的なボディは簡単に見分けられる。

思わずUターンして、空き地の隅へ車を停めた。タイヤはパンクし、所々に錆びは見られるものの、状態はかなり良さそうだ。これなら、少し直せば走れるのではないか。そう思って近付いた瞬間、ギョッとした。車の運転席で、何かが動いた気がしたのだ。人が乗っているのか。そう思って恐る恐る車内を覗き込んだが、そこには色褪せ、埃が積もった革シートがあるだけで、誰かが潜んでいる様子もない。そもそも車体には蔦や枯れ草が幾重にも巻きついており、近付くのも容易ではなかった。

「何だよ、気味悪いな」

思わず呟いた台詞に呼応するように、林の奥で得体のしれない鳥がギャアッと叫び声を上げた。何だか妙な寒気がし、その日はカーナビに位置を記録するだけに留め、鳥達に追い立てられるようにしてその場を去ったという。

二度目にそのスポーツカーの元へ訪れた時は、中学の同級生だった安田《やすだ》さんを伴っていた。安田さんは佐々木さん同様に旧車好きで、特に自身が高校生だった頃の憧れだったスポーツタイプの車に、いつかは乗ってみたいという夢があった。

「俺がガキの頃、ちょうど『未来からやってきた』ってキャッチコピーで売り出しててさ。今となっちゃ立派に旧車だけど、やっぱりこのフロントフェンダーもミラーもリアランプも、全部よそ行きで新しい感じがするんだよね」

安田さんは「俺の青春だよ」と、常々この車種の魅力を語っていた。

その憧れの車が、藪に埋れてはいるが、目の前にあるのだ。佐々木さんに連れられてやってきた安田さんは、目を輝かせて喜んだという。色はオリジナル色ではなく、恐らくオーナーの趣味でガンメタリックに塗り替えられていたものの、その他は殆どカスタムされておらず、パーツも見たところ全て純正品のようだ。藪の中で朽ちさせるには勿体無い代物だった。

「これ、何とかなんないかな。どうにか、オーナーに交渉できないかな」

予想以上の食い付きを見せる安田さんに対してどうにか報いたいとは思うものの、放置車両の持ち主を見つけるのは容易でない。家の敷地に停めてあれば話は別だが、車があるのは林道の入口。周りは全て山であり、この空き地が誰の土地かも分からない。加えて、車の状態から、見たところ、十年近くはこの場所で放置されていそうだ。しかし。車から、何だか妙に人の気配がするのだ。錆びた車体に、さっきまで人が乗っていたような感覚が色濃く残っている。もしかして、オーナーが定期的に現れているのだろうか。

「取り敢えず、持ち主がくるかもしれないから、希望は薄いが俺の会社の名刺を挟んでおくよ。もし駄目そうなら、土地の持ち主から攻めてみようぜ」

佐々木さんの提案に、安田さんは拝むように手を合わせた。

「悪いな、助かるよ。レストアとかも、全部お前のところに頼むからさ」

取り出した名刺に車を購入したい旨を書き込みながら、佐々木さんは「期待するなよ」と付け加えた。実際、まず連絡は来ないだろうと想定していた。この空き地が私有地だとも思えなかったし、藪の中で朽ちかけている以上は何らかの事情があって放置されていると思ったからだ。それでも名刺を置いていったのは、安田さんの熱意に打たれたというよりは、車から妙に生々しい雰囲気を感じ取ったからだった。

だからこそ、車両の持ち主から連絡があった時は、驚きつつもどこか予想通りに思えたという。偶然、隣県へ買い取り査定のために出張していた佐々木さんは、事務員をしている奥様からその話を聞くや否や、すぐに安田さんへと電話をかけた。

「本当か？　本当に売ってくれるって言ったのか？」

安田さんも喜びを隠せないようだった。後の遣り取りは自分が代わるからと、佐々木さんの妻から車両の持ち主の電話番号を受け取り、さっさとアポイントにまで漕ぎ着けていた。

「今日にでも会いたいっていうからさ、会ってくるよ」

電話の向こうで興奮しきっている安田さんに、佐々木さんは呆れ半分で「少しは落ち着け」と諫《いさ》めた。どうも話がうまく行き過ぎているような気がして、気味が悪かったのだ。

「今日明日は俺が出張で帰れないから、別の日にアポイント取り直せよ。状態の確認とか、詳しい俺が一緒に見た方が良いだろうが」

しかし、安田さんは佐々木さんの忠言も耳に入らない様子である。

「とにかく、善は急げっていうから。気が変わらないうちに、会うだけ会ってくるよ」

そう言うと、佐々木さんの制止も聞かず、さっさと電話を切ってしまった。


佐々木さんが安田さんに再会したのは、スポーツカーの主から電話がきた三日後だった。

夢見心地な安田さんは、例の車両の持ち主について雄弁に語った。

「持ち主さんも凄い車好きで、車関係のビジネスをやっていたみたいなんだよ。それで、あの車が一番お気に入りだったんだが、何かの事情で、もう本人が乗られないらしいんだ。だから、代わりに乗ってやってくれるってさ。ほとんどタダで譲ってくれるってさ。正直、俺も全然金が無いから助かったよ。分割で良いか聞こうと思ってたところだったから」

そんな美味しい話があるわけがない。佐々木さんは再び「落ち着け」と安田さんを諌める。

「あの車、状態良ければ三百万はいくんだぞ。それを車に詳しい奴が、タダで譲る訳ないだろ。そもそも、そんな大事な車なら、何であんな藪の中に放置していたんだよ」

安田さんは喜びに水を差されて気分を害したのか、明らかにムッとしながら「うるせーな」と悪態をついた。

「絶対、裏があるって。なんか犯罪に使われていたとか、そういう可能性は無いのか。そもそも、車のオーナーは何をやっている人なんだよ。名前は？ どこに住んでいるんだ？」

佐々木さんの質問に、安田さんは考えてもなかったという表情で黙り込んだ。

「おいおい。お前、勘弁してくれよ。五十も過ぎて、考え無し過ぎないか。もっとちゃんと調べてから行動しろよ。そんなんだと、簡単に騙されるぞ」

そこまで言って、佐々木さんは「しまった」と口を噤《つぐ》んだ。見れば、安田さんの表情は明らかに怒りで赤黒くなっている。「騙される」は彼にとっての地雷だった。数年前、投資話に騙された安田さんは、借金の代償として当時経営していた居酒屋と二台の愛車を手放した上に、離婚までしていたのだ。それから、ずっと肩身を狭くしながら暮らしてきていた。

「俺が馬鹿だから、お前に心配ばかりさせて悪かったな。明日、オーナーが車に乗せてくれるから、その時聞いてみるよ。もうお前は関わらなくていいから、ほっといてくれよ」

それだけ言うと、安田さんは踵を返し、足早に去っていった。佐々木さんの謝罪や弁解の言葉も耳に入っていないようだった。


あの放置車両に乗る。安田さんの言葉が気に掛かり、深夜になるというのに、佐々木さんは例の空き地へと車を走らせていた。あの車に乗れるわけがない。まずは藪払いをした上で、キーホールの錆を落とすとこから始めないと、車の中に入ることすら無理だ。革シートは既にぐずぐずに破れていたし、タイヤだってパンクしている。ミラーもライトも割れている。確か、フェンダーパネルに亀裂も走っていた。それとも、自分が出張に行っている間に総がかりで直したのだろうか。いや、一朝一夕では無理な話だ。そんなことを考えながら乗り込んでみれば、月明かりに照らされて、車は相変わらず藪の中で静かに眠っていた。

藪を漕ぎながら近付き、改めて車両を確認する。土から昇った湿気のせいで足回りの塗装は剥げて浮き上がっており、そこから本体の広範囲にまで錆が回っている。タイヤは土に沈み、ホイールも歪んでいる。ナンバーも誰かに盗まれていて存在しないし、よくよく見れば、今すぐにでも崩れそうな車である。あの時、なぜこの車が「とても良いものだ」と思ったのだろう。どこからどう見ても、無価値の廃車だ。当たり前だ。そうでなければ、とっくの昔に盗まれていてもおかしくない。

その時、ギシッという音と共に、車が僅かに土へ沈み込んだ。まるで、誰かが車に乗り込んだみたいだった。同時に、強烈な視線を感じ、思わず動きが止まった。運転席の横に屈んだまま僅かに目線を上げると、濁った窓ガラスの向こうから、墨を塗り付けたような黒い影と二つ並んだ白い目が、こちらを睨み付けている。全身の毛穴から、嫌な汗が出た。体温が十度は下がったような感覚がする。再び、ギシッと車が沈む音とともに、窓ガラスを引っ掻く五指が見えた。キイ、キイと爪が不快な音を奏でる。そのまま手はゆっくりと下りていく。ドアハンドルがガチャンと鳴る音がした。

出てくる。何かが、出てくる。

金縛りに遭ったかのように、身体が動かない。目を逸らすこともできない。ドアが僅かに開いた瞬間、隣の林でギャアッと大きな鳥の鳴き声がした。途端、車の中の影はビクリと身をたじろがせ、動きを止める。

「うわ、うわ、うわあああああ」

思わず叫び声を上げると、どうにか身体に力が戻ってきた。そのまま大急ぎで自分の車の元へ戻る。エンジンを掛ける時間すらもどかしい。慌ててアクセルを踏んだものの、今度はハンドル操作を間違え、車はあらぬ方向へと走っていく。そのままガードレールを擦り、数メートル蛇行運転した後、壁にぶつかって停止した。白と黒と赤、目の前が明滅する。明らかにフロントがめちゃくちゃになっている上、恐らく脚は潰れた車体に巻き込まれて折れていた。佐々木さんは薄れていく意識の中、何とか携帯電話を操作し、救急へダイヤルをした。

「お前の車、廃車だってよ。派手にやったなぁ」

入院先のベッドで足を吊られている佐々木さんは、それを聞いて頭を抱えた。車仲間たちは口々に「気を落とすなよ」「使えるパーツは取っておくからさ」と慰めの言葉を掛けてくれるが、少しも心に響かない。事故原因は、飛び出してきた鹿を避けるためにハンドル操作を誤ったことによる自損事故ということになっている。あの晩に起きたことを上手く説明することはできないし、口に出した瞬間、何か起きてしまうような気がしてならなかった。

「ところで、佐々木。お前、安田のことって聞いているか？」

心臓が跳ねた。思わず上擦った声で「知らない」と答えたが、車仲間たちは佐々木さんの動揺に気付いていないようだ。

「お前は入院しているから知らないと思うけどさ。安田、どうも飛んだみたいなんだよ」

佐々木さんが入院した翌日のことだという。妙に浮かれた様子の安田さんが、よく車仲間が集う居酒屋に珍しく現れた。下戸である佐々木さんは知らなかった話だが、安田さんは最近「酒を飲む小銭も無いから」と盛り場に顔を見せていなかったのだ。しかしその日は、随分上機嫌な様子で、自身がずっと憧れていた車のオーナーになるのだと吹聴していたそうだ。

その場に同席した者は皆、「そんな余裕無いだろう」「借金はどうなっているんだ」と心配したり、揶揄ったりしていたようだが、安田さんはどこ吹く風、といった様子だった。結局その日、安田さんは浴びるように酒を飲み、きた時と同様、上機嫌で帰っていった。

「お前らも夢が無いことを言うんだな。俺は今夜、夢を叶えるっていうのによ」

そう言って、家がある場所とは逆の方向へ歩いて行ったという。

「俺たちも話半分で聞いてたけどよ、次の日、安田の奴、工場に来なかったんだよ。あいつ、仕事だけは絶対にサボらなかったから、どうもおかしいなと思って。それが三日続いたからアパートに行ってみたんだけど、どうもあの日から帰ってないみたいなんだ」

郵便受けからは、安田さん宛ての請求書や督促状の束が山のように溢れていた。

「今日も駐在所に相談に行ってきたんだよ。でも、自己破産申請している多重債務者の、それも中年男性が居なくなったところで、せいぜい夜逃げくらいにしか思われないからさ」

何か知らないか、との話だった。佐々木さんは言葉が出なかった。


退院後、リハビリを続けた佐々木さんが自ら運転できるまで回復できたのは、事故から半年後のことだった。滞った仕事を何とかこなしながらの日々の中、例の林道について地道に因縁を聞いて回ったそうだ。その結果、とある事件を耳にしたという。


今から十年前、あの空き地の奥にある林で、首吊り死体が見つかった。自殺したのは、隣町で中古車販売店を営んでいた五十代のオーナーだった。噂ではホストに入れ込んだオーナーの娘の借金を清算するため、自身の店だけでなく、所有していた動産不動産、ありとあらゆる財産を売り払ったそうだ。大のスポーツカーマニアだったオーナーは、愛車一台を残して全てを失った。そのタイミングで、今度は妻に離婚を切り出された。数年前からオーナーの同業者の男性と肉体関係があり、彼と人生をやり直したいとのことだった。

「俺が買っておけば、いつか同じ値段で買い戻せるだろう」

そう、甘い言葉で車を買い叩いた男だった。

オーナーの自殺体は少なくとも死後十日以上経過していたらしく、見るも無残なものだった。鳥に腐肉を突かれたのか、発見時は人かどうかも判別付かない状態へと変貌していた。

遺体の第一発見者は凄惨な光景に心を病んで、今も病院にいるらしい。

再び運転ができるようになった佐々木さんが最初に訪れたのは、例の空き地だった。

あの日から半年だ。事故現場は流石に綺麗に片付けられていたものの、コンクリート擁壁《ようへき》には生々しい傷が付いていた上に、地面にはフロントガラスや塗装の付着した愛車の破片が幾つも散らばっている。元々は自分の父親が乗っていたスポーツカーであり、憧れの車であった。佐々木さんが大学生の時に譲り受けて以来、大事に大事に乗ってきたものだった。

怪我の影響もあり、複雑なクラッチ操作やハンドリングなどは暫くできそうもない。この場所へ運転してきた車も、妻が購入したオートマチックの軽自動車だ。愛車の残骸を見ていると、胸が押し潰されそうで、佐々木さんは足早にその場を立ち去った。

あの空き地も、見た限りは何も変わっていない。相変わらず手入れのされていない藪の中には、まるでたんこぶのように盛り上がった塊がある。あの日見た時より、一層緑が濃くなっているように思える。昼間であるというのに、空き地一帯は妙な暗さを湛えていた。

折れた方の脚を引きずりながら、藪の塊へと近付いていく。下草がやけに足先に絡み、何度も何度も転びそうになった。年齢のせいか、どれほどリハビリに精を出しても身体の治りが遅い。ようやく歩き出せた今も、万全とは程遠い状態である。

半年前ならばものの一分で辿り着けた場所まで、十分近く掛かった。汚泥の中で枯れ草が腐敗しているのか、澱んだ悪臭が漂っている。遠くから見たのと同様に、青々と茂った蔓草がみっしりと隙間を埋めており、到底、中を窺うことはできない。仕方なく、更に一歩近づく。手持ちの杖で蔓草を払おうとしてみるが、上手く踏ん張れず、撫でる程度の力しか入らない。初夏の熱がじっとりと背中を湿らせた。この藪の塊が、何か得体の知れない化け物の卵に思えてくる。中身を暴けば、自身も捕って食われてしまう、そんな幼い子どものような妄想が湧き上がる。

でも、ここで決着を付けなければならないのだ。佐々木さんは意を決して、塊に向き直った。両手で蔓草を掴み、勢いよく剥ぎ取っていく。青臭い匂いが鼻腔を突く。指先に鋭い痛みが走った。刺のあるものを触ったようだ。鋭い葉の先が、剥き出しの皮膚を裂いていく。

やっとのことで最後の蔓を払い除けた瞬間、目に飛び込んできたのはぽっかりと空いた何も無い空間だった。まるで蛾が羽化した後の空っぽの繭のように、そこにあるはずの車の姿は無かった。ただ四箇所の窪み、丁度タイヤがあったであろう場所だけは、何の草も生えず黒々とした土が見て取れた。

確かに存在したはずの車は、轍《わだち》一つ残さず、忽然と消えてしまったのだ。

あの出来事を思い出すと、いつも後悔ばかりが押し寄せるのだと、佐々木さんは語る。感情任せに安田さんを非難してしまったこと、好奇心に負けて車の様子を確認しに行ってしまったこと、気が動転して大事故を起こしてしまったこと。そして。

「一番の後悔は、あいつからの電話に出てやれなかったことなんだよ」

安田さんからの留守番電話のメッセージを聞くことができたのは、事故から一か月後のことだった。車がぶつかったと同時に携帯電話も壊れてしまい、佐々木さんの妻が代替機を用意してくれたのだ。何分、仕事用の携帯電話は自宅に置いてあったため業務には支障が無かった上に、ほとんど妻からの連絡用途としか使っていなかったため、留守番電話の確認が遅くなってしまった。

メッセージの預かり日時は、事故の翌晩だった。

『もしもし。俺だけど。この間は、悪かったな。お前は心配してたけど、この車は俺の憧れそのものだわ。最高だよ。オーナーは、お前が乗りたがっていた車も持っているらしいぞ。興味あるならいつでも電話かけてこいよ、待ってるからさ』

安田さんの声だった。しかし、発信元の電話番号は二〇桁もあるめちゃくちゃなものだった。もちろん、掛け直しても繋がらない。ただ、あの空き地にあった車は、どうやら安田さんが乗っていってしまったことだけは分かった。

「電話の向こう側で、ずっと鳥の声が聴こえるんですよ。もう、あいつの声なんか掻き消えちゃうくらいに。そして、もう一人。確実に誰かがあいつの隣に居たんです。横で、ずっと押し殺したように笑っていましたから」

多分、今電話をかけたら繋がりそうな気がするよ。そう言って、佐々木さんは悲しそうに笑った。結局あの事故以来、脚は満足に動かないままなのだという。

【マンホーラーの怪異】

それは忘れた頃にやってくる

（しのはら史絵）

一九七七年、沖縄の那覇市で採用されたマンホールが発端となり、今や日本全国のマンホールの蓋のデザインが多様化してきた。このデザインマンホールは、一般の方たちに下水道事業を幅広く知ってもらうために、始まったといわれている。そのデザインの種類は豊富で、調べてみると自治体の花や木や鳥、その土地の名産、有名な建造物や世界遺産だけではなく、ご当地ゆるキャラや人気ゲームのキャラ、アニメの登場人物まで色とりどりに描かれていた。

その芸術性の高さに魅了された人たちを〝マンホーラー〟と呼ぶ。

これからご紹介する話は小笠原《おがさわら》さんという、かつてマンホーラーであった男性から頂戴してきた。

彼からの強い要望により、年代や場所などの説明を省くことをご容赦願いたい。

ある年の夏、長期休暇をとった小笠原さんはとある県へと向かった。

その県内だけでも、百以上のデザインマンホールがある。彼はその県のほとんどのマンホールの蓋を網羅していたが、残り三つは画像を撮っていなかったという。

一日目、着いてからすぐに主要駅から乗り換え、一番遠くにある目的地へと向かった。

お目当てのマンホールに迷わず行き、しっかりとカメラに収めた小笠原さんは、まだチェックインには時間が早かったが、予約していた町はずれの旅館にいくことにした。

都会よりは涼しいとはいえ、八月がはじまったばかりである。二か所目のマンホールまではさほど遠くはなかったが、この暑いさなか、荷物を持ち次のマンホールまで行くのは辛い。

そこで、先に預かってもらおうと考えたのだ。

小さいが歴史のある町なのだろう。古い町家造りの家々、軒先に吊るされた風鈴、出格子《でごうし》や木の壁は黒光りし、どこか懐かしさを感じる景観であった。

ノスタルジーに浸りながら住宅街を歩いていると、集落の終わりなのか、民家が少なくなってきた。空き地や畑が目立つようになり、目の前にはY字路の車道が広がっている。確か、あのY字路を左にいけば旅館につくはずだ。

スマホを使い地図アプリで確認する。間違いないと顔を上げると、Y字路少し手前の中心あたりから、赤い湯気なようなものが漂っていることに気がついた。

最初は陽炎かと思った。が、陽炎が赤い訳がない。

「不思議に思ったんで、食い入るように見たんです。そしたら――」

車道の真ん中に位置するマンホールから、何十もの細長い真っ赤な糸のようなものが出ているのが分かった。マンホールの蓋はしっかりと閉まっていたが、糸は丸い蓋のふち全体から天に向かうように伸び、うねうねと動いている。

もしかするとあれは触手で、新種の生き物かもしれない。

これをSNSにのせたら、絶対バズるぞ。

しばしのあいだ呆気にとられていたが、この不可思議な現象を撮ろうとカメラをかまえ、素早く動画モードにして撮影を開始した。

すると、ファインダー越しに見ていた赤い糸が、一斉に左に向って伸びはじめたのだ。

「本当に一瞬の出来事でした」

伸びた糸はY字路の左道路から走ってきた車にぐるぐると絡みつくと、車体を浮かし、そのまま彼のいる反対方面の歩道へと投げ捨てた。

当然、車は大破。仰天した彼は慌てて救急車を呼んだが、運転手は即死であったという。

「車が投げられた場所は空き地だったので、二次被害はなかったんです。けど、赤い糸のようなモノは、いつの間にか消えていました。気も動転していたし、もう何が何だか……。駆け付けた警察官に、どう証言しようか迷ったんですけど、あの動画を見せて信じてもらうしかないと思って。だってマンホールの中に、事故を起こす生き物が本当にいたら大変じゃないですか」

警察官に自分が見たありのままを説明し、モニターを見せた。

だが、撮影していたはずの動画は、全て真っ黒で何も映っていなかったという。

「腰を抜かしそうになりましたよ。まさか急に壊れたのかと思って、その場で道路を撮ってみたんですけど、それはちゃんと映ってたんです」

はじめから小笠原さんの話を訝《いぶか》しげに聞いていた若い警察官は、署で詳しく話を聴きたいと申し出てきた。詳しく話をと言われても、たったいま説明したことが全てである。正直に話したことを失敗したと後悔しても、もう遅い。断る訳にもいかず、小笠原さんは渋々承諾した。

「ここで待っていてください」若い警察官はそう告げると、ちらちらと彼の方を見ながら別の年配の警察官と何やら話し込んでいた。これから自分はどうなるのか心配しながら待っていると、年配の方の警察官が彼の元へとやってきた。

「ご苦労様。もう旅館に行っていいよ」

「え」

「何かあれば、また連絡するから。さっき教えてもらった携帯番号でいいよね？」

先ほどの証言を信じてくれたのだろうか。今から考えてみると、自分でもあの赤い糸は暑さのあまりに見えた幻覚だったのかも、と思いはじめていたというのに。

「あの！」気になった小笠原さんは、思い切って現場検証に戻ろうとした警察官に声をかけてみた。「僕が目撃した、あの話――」言い終わらないうちに年配の警察官は苦笑いを浮かべ、説明をしだした。

「ああ、あれね。ここの三叉路、交通量が少ない割には事故が多くてね」

聞けば数年に一回や二回ほどの頻度で、起きているという。

「で、目撃者の中に、君と同じようなことをいう人がたまにいるんだよ。こっちは困ってるんだけどね……あ、ちょっとあそこ見てみて」

愕然としながらも警官が指をさす方に目を向けると、一体の地蔵が鎮座していた。

言われるまで気がつかなかったが、車が投げ捨てられた歩道側に祀られている。

「地蔵様の力を借りても、終わらないんだよね。全く、困ったもんだよ」

年配の警察官は頭を掻きながらそういうと、呆然としている彼をおいて戻っていった。ちなみにあの若い警察官は、配属されたばかりだから事情を知らなかったとも、話していたそうだ。

あの事故の証言をしたあと警察からの連絡もなく、小笠原さんは後ろ髪を引かれながらも、三か所目のデザインマンホールを撮るために、事故現場近くの旅館をあとにした。

家に帰ってからも年配の警察官が言った「君と同じ証言をする人がたまにいる」という言葉が頭から離れずにいたそうだ。事故は数年に一、二回程度とも話していたから、あの〈触手のようにうねうねと動く赤い糸のようなモノ〉は、再び行ったところで見ることはできないかもしれない。だが、考えれば考えるほど居ても立ってもいられなくなり、前回宿泊した旅館にまだ空き部屋があることを確認すると、彼はすぐさま新幹線に飛び乗ったという。これはあの事故から、二週間後の週末の出来事である。

今回は有休を取得していない、土日だけの短い旅。例えマンホールから赤い糸が出てこなくても、地元住民に聞き込みをして、自分なりに調査をしてみたかったそうだ。

過去に自分と同じようなことを証言した人が何人かいるということは、一応、警察もマンホールの中に入り、下水道の中を捜査しているはずだと想像できる。けれども、新種の生物だとしたら危険を察知し身を隠して、警察も見逃すこともあるだろう……あるいは証言全てが戯言《たわごと》だと思い、見ていない可能性もあるかもしれない——。

様々な考えが頭をよぎりながらも、小笠原さんはくだんのマンホールがある現場に到着した。Y字路の車道三か所には〈通行止め〉の看板が置いてあり、マンホールの蓋は開いていた。そして作業員である中年男性二人が、その穴を囲むようにして立っていたという。作業員が装備している道具からしても、工事ではなく点検なのだろう。

しめた、と思った。上手くいけば、あの作業員に中の様子を聞けるかもしれない。

作業員の一人がマンホールの中に入っていく。

もう片方の作業員は穴の横に立ち、下水道へと降りていく同僚を見守っていた。

点検にどれだけの時間がかかるのか見当もつかなかったが、とにかく中に入っていった作業員が出てくるまで、彼は待ってみることにしたという。

邪魔にならないよう、Y字路手前の歩道の隅で様子をうかがう。けれども十分、十五分、二十分と時間が経過しても、作業員は下水道から出てこなかった。だんだんと足腰が疲れはじめたときに、地上にいた作業員から「おーい」と声をかけられた。

何だろうと戸惑っていると、作業員はニヤニヤと笑いながら近づいてきたそうだ。

「兄さんさ、もしかしてあのマンホールの中、気になってる？」

「え……ええ、まぁ……」いきなり言い当てられてドキリとした。

「もしかすると、この間の事故の目撃者だったりして」

「そ、そうですけど」

「それじゃあ、例の赤い糸を見たってことだよね？」

正体までばれて少々狼狽えてしまったが、元々話を聞くために待っていたのだ。

小笠原さんが神妙な顔で黙ってうなずくと、男性作業員はニヤついた顔で口を開いた。

「下水道の中には、何もいないよ」

「は？」

「目撃者の中に、兄さんみたいに何かヤバい生き物がいるんじゃないかって、ときどき見に来る人がいるんだよね。でもここはただの下水道。事故を起こすような生き物なんていないから」

「じゃあ、あの赤い糸って……」

「さあ。事故で死んだ奴が悪霊になったとか、その祟りじゃないかとか噂があるけど本当のところは誰にも分からないと思うよ。ご丁寧に坊主を呼んで、地蔵まで建てたっていうのに、忘れた頃に出てくるからなあ。こっちも、その度に点検を依頼されるから面倒でね。最初の頃は警察も立ち会ってたんだけど、今じゃこっちに丸投げでさ」

供養のために建立された地蔵尊。あの事故があった日、年配の警察官も話していた。

「最悪のパターンがきたなって。地蔵うんぬん言ってたから、嫌な予感はしてました。僕、未確認生物にはとても興味があるんですけど、心霊的なものはダメなんですよ……でも赤くて糸みたいに細いものが動いていたら、生き物の触手だと思いませんか？　普通なら幽霊の仕業とか思わないでしょう？」

この作業員のいう通り、事故があるたび点検という名の調査をしているなら、新種の生物がいる確率は低いだろう。

では、あれは本当に霊の仕業だったのだろうか。動画が撮れなかったのも霊障なのか。

悪霊だの祟りだのと聞かされた彼は急に怖くなり、そのあとの会話もおぼつかなくなった。早々にその場を後にしようとした矢先、作業員の男性から「ちょっと待って」と引き止められたという。

「ここで最初に亡くなったの、女の人らしくてさ。しかも自殺。一人で車を運転してスピードを上げたまま、あそこに突っ込んだんだって。何でも旦那の浮気相手が妊娠しちゃって、自分は子供ができないもんだからやけを起こしたらしいよ。それからなんだよな、事故のたびにあそこで車がひしゃげるようになったのは」

そういいながら事故現場を指でさした。また、当時は空き地を囲むように石垣があったそうだが、車で激突した自殺により破損、持ち主が取り壊したとも教えてくれたそうだ。

「いや、もうその話は結構です」小笠原さんが帰ろうとすると「兄さんのためにも、全部聞いといた方がいいよ」と、男性作業員は尚もニヤついた顔で食い下がってきた。

「まぁ、尾ひれに背びれがついた噂だと思うんだけどさ、あの事故で例の赤い糸を見た人って、また必ず見ちゃうらしいよ」

「どういう意味です？」

「だから、忘れた頃に目の前に現れるんだって。例の赤い糸が」

「この現場にいなくても、ですか？」

「そう。だから兄さんの家の近くのマンホールとか、気をつけたほうがいいかもね」

あくまでも噂だからと笑いながら、その作業員は元の位置に戻っていった。

暇つぶしにからかわれたのだろう。だが彼はムッとしながらも、かえって気が楽になったという。〈赤い糸を見たものは、また必ず見てしまう〉という話が、あまりにも荒唐無稽すぎたためだ。あの作業員の話の通り、自分がこの目で見た赤い糸が、自死した女の霊の怨念によるものだとしても、目撃した人の前に再び現れる謂《いわ》れがない。地元の誰かがもっと怖がらせようとして、話を盛ったとしか考えられなかった。

そう思った小笠原さんは、目撃したあの悲惨な事故も、くだんの赤い糸のことも、運が悪かったと忘れることにした。実際にそのあとしばらくは何事もなく、マンホーラーとしての趣味も続けて平穏無事に過ごしていたという。

異変が起きたのは去年、ちょうど一回目の緊急事態宣言が解除された頃である。

その日はちょうど、恋人が彼のアパートに泊まりに来ていた。

長年交際している彼女にかっこいいプロポーズをした訳ではないが、二人の間では自然に結婚話が出ていたそうだ。両家の親にいつ頃挨拶にいくかなど話し合っているうちに、彼女があくびをしだした。時計を見るとすでに零時を過ぎている。

「もう寝ようってことになって、彼女が先にお風呂にはいったんです」

しばらくすると、シャワーから流れ落ちる水音とともに「うわあっ！」という悲鳴が聞こえてきた。はじめは聞き間違いかとも思ったが、間を置かず彼女が血相を変えて風呂場から飛び出してきたのだ。

「どうしたの？」

裸のまましゃがんで震えている彼女に、慌ててバスタオルをかけながら問いかけた。

「は、いすいこう、が」彼女は泣きじゃくりながら、声を絞り出すようにしてこう教えてくれたという。「髪を洗っていたら、足首に何かが絡みついたの。目を開けて確かめようとしたら、グイって引っ張られて転びそうになった。でも、必死で浴槽につかまったから怪我はしてないんだけど――」

彼女いわく、足首に絡みついたのは〈赤い糸のようなモノ〉で、排水溝から出ていたとのことだった。驚いた彼女が、引っ張ってくる糸に対抗するかのように強めに足を引くと、赤い糸はするすると排水溝の中に引っ込んでいったという。

彼女の話を聞いている途中から、忘れかけていた遠い記憶が徐々に蘇ってきた。

あの事故があった当時の彼は信じてもらえないと考え、彼女には一切話していなかった。それなのにたった今、彼女が同じような目に遭ってしまったのだ。

ましてやあれから何年も経っているというのに現れたということは、例の胡散臭い作業員の話は本当だったということなのか。それなのに自分ではなく、なぜ彼女の前に姿を見せたのか——背中に冷たいものが走りながらも様々な思いが頭の中を駆け巡り、小笠原さんは混乱していた。

「早く外に逃げなきゃ！」彼女の必死な声で我に返った小笠原さんは、急いで支度をしその晩は彼女と一緒にファミレスで夜を明かしたという。

「そのとき、二人で今後のことを話したんですよ」

今まで気がつかなかったが、あなたの部屋には何かいる。どうせ入籍するんだし、一刻も早く新居を探してそこで一緒に住もう。そう彼女から提案されたが、彼は二の足を踏んだ。一緒に住んだら、先ほどのように彼女にまで迷惑がかかってしまう。

心配する彼女をなだめて、始発が出るころに小笠原さんは一人で家に戻ったという。

帰宅してから恐る恐る風呂場を覗いてみたが、何も異常はなかった。

そこで張りつめていた緊張の糸が、一気に切れたのだろう。

疲れがどっと押し寄せてきて、何も考えずにただただ泥のように眠りたかったそうだ。

小笠原さんはそのまま着替えもせずにベッドに向かうと、横に置いてある小さなゴミ箱に目がいった。恋人が久しぶりに来るからと部屋を綺麗に掃除し、ゴミ箱の中身も全て捨てたはずだった。

だがゴミ箱の中には〈長い長い赤い糸〉が、とぐろを巻いたように入っていた。

「叫びたい気持ちを堪えて、触れないように気をつけながらビニール袋に入れて、外のゴミ置き場に捨ててきました。一秒でも早く、部屋から出したくて」

その日の夜のことだ。眠りから覚めた彼はZOOMを使い、彼女とこれからのことを話していた。彼女の意見は相変わらずで、いくら説得しても堂々巡りである。

いま本当のことを口にすると、かえって彼女は一生自分から離れないだろう。

小笠原さんも彼女と別れたくはなかったが、このままでいる訳にもいかない。

どうすればいいのか悩んでいる彼をじれったいと思ったのか、彼女がイラつきはじめた。

そして口論になりかかったとき、妙に外が騒がしいことに気がついたのだ。

小笠原さんが驚いて窓を開けると、焦げ臭い匂いと煙が部屋に入ってきた。

火事だ。今朝、赤い糸を捨てたアパートのゴミ捨て場から、黒煙が上がっていた。アパートの住民の消火活動のおかげで小火（ぼや）で済んだが、消防と警察が調べても火元は不明のまま、結局〈自然発火〉として結論づけられたという。

赤い糸との関連性は分かってはいないが、彼はこの日の小火ついて自分が赤い糸を捨てたせいだと考えている。他の部屋の住人が早めに気づいてくれたからいいものの、もし消火活動が遅れていたら大惨事になっていただろう。

「それからは何も起きてないんですけどね。もうどこに引っ越しても、忘れた頃に現れるんじゃないかって諦めてます。だから、まだ同じアパートに住んでますよ」

小笠原さんは彼女に未練がありまだ交際を続けているが、彼女のためにもこれから別れを切り出すつもりだと、寂し気に語っていた。

赤い糸が気になった私は知り合いの伝手をたどり、くだんのY字路で起きた事故を調べてもらった。その結果、一番はじめに起きた事故はこれではないかと、とある新聞記事のコピーが送られてきた。その記事には〈痴情のもつれの末、夫婦無理心中か〉と大きな見出しが書いてある。その事故を簡潔に説明すると、Y字路手前左側道路から猛スピードで走っていた車が、ブレーキを踏まずにそのまま直進し、石垣に衝突したという内容であった。運転席には妻、助手席には夫が乗っていたという。また、記事には赤い糸うんぬんなどという記載は一切なかった。

噂というものは往々にして尾ひれがつくものであるが、小笠原さんが作業員から聞いた話もこの事故の内容と、若干違っている。そして〈赤い糸〉が何を象徴しているのかも不明のままだ。ただ、この記事を読んで思い浮かべたことは、太宰治の最期、山崎富栄との玉川上水での入水心中である。心中ではなく、富栄側が無理心中を図ったという説もあり、死の真相は未だに不明ではあるが、遺体発見時、二人の身体は腰ひもで固く結ばれていたという。あくまでも憶測に過ぎないが、最初の無理心中を図った妻も、何らかの方法を使い赤い糸で夫の身体を繋いでいたのではないかと、つい想像してしまったことを付け加えておく。

【怪談蒐集家の怪異】

危険な趣味

（正木信太郎）


Xさんは、人が怪異に遭った体験談を集めることを趣味としている。

いわゆる、怪談蒐集家というやつだ。

現在は様々な場所に赴いて蒐集した怪談話を披露しては、聞く人を楽しませている。

その彼から体験談を聞かせてもらえるということで、自宅にお邪魔する運びとなった。

彼の自宅の応接室に通され、挨拶も簡単に済ませるとすぐに本題に入ることになった。

「今日はどんな話を聞かせてくれるんですか？」

「そうだなぁ、俺が怪談に興味を持つようになった話なんかどうかな」

彼はお茶を一口含むと、おもむろに話し始めた。

三年前の夏。

彼は、ある心霊スポットを訪れた。

真夜中に男二人。友人に誘われて、『出る』ことで有名な墓地を見物にきたのだ。

車を降りるとすぐに歩道があり、塀がない墓場の奥に月明りに照らされた本堂がぼんやりと浮かんでいた。

何が出るのかと問うと、友人は苦笑しながら彼に謝罪した。

「飲み屋で会う常連から噂を聞いただけなんだよ。白いワンピースの女が現れるって」

「よくある話じゃないか。酒の席で出鱈目でも吹きこまれたんじゃないのか？」

無駄足を踏まされたと憤慨《ふんがい》はしたが、本気で怒っているわけでもない。要は、暇をつぶせれば良いのだ。

「おい、あれ」

友人が指さしたのは、本堂にまっすぐと続く石畳の途中。自分たちから五十メートルくらいの位置。促されて視線をやるとそこに、白い煙のようなものが薄っすらとあった。

最初は長傘を入れるビニール袋だと思った。それが墓石にひっかかりでもして風に揺れているのだと。しかし、すぐに間違いだと気づいたのは、風なんて吹いていなかったからだ。

では何だろうか、と持ってきた懐中電灯を向ける。

それは、一本の白い腕だった。肩から下、指の先までが暗闇の中、はっきりと視認できるまでに淡く光っている。

「うわぁ！」

どちらが悲鳴を上げたかわからなかった。

とにかく車に飛び乗って、友人の自宅まで逃げ帰った。

だが、話はここで終わらなかった。

それからというもの、夜、道を歩いていると遠くの暗がりに例の腕が出てくる。

ひとりのときはもとより、何人かでふらついているときも目にするのだ。

いつも、こちらに挨拶するかのように、手を振り続け、ある程度接近すると消えてしまう。

ただ、そんなとき友人たちに知らせても「そんなのはいない」と笑い飛ばされる。

あのとき連れ立った友人に相談しても、「あれ以来見てない」と首を横に振られた。

だが不思議なことに、その年の立秋の日を過ぎて以降、一度も目にすることはなかった。

「それが最初かなぁ。不気味な体験だったよ」

「なるほど」

と、相槌は打ったが正直ピンとこない。白い何かを見た、というのはよく聞く話だ。怪談蒐集家として、いの一番に披露する体験談としてはいかがなものか。

「で、これがきっかけで幽霊だとか心霊に興味を持つようになってね。友達や職場の同僚に何か怖い体験はないかって聞き始めたんだよ。その間はぜんぜん霊体験なんてしなかったんだけどさ、こういうことがあってね」

そういうと、Xさんは次の話を始めた。


一昨年の夏。

彼はインターネットの巨大掲示板で情報収集をしていた。もちろん『出る』という噂を。行き着いたのは、あるキャバクラが『やばい』という書き込みだった。

内容はこうだ。

その店舗が移転することになった。しかし、移転先の改装が間に合わなかったために、別のテナントを一時的に借りることになった。そこが酷かった。居抜き物件で、前に何があったのかわからないが厨房の食器棚やコールドテーブルの中は一面お札だらけ。移転後しばらくすると、なぜかベテランの従業員がごっそり辞めてしまった。

いかにも何かあったかのような噂話が掲示板のスレッドで盛り上がっていたそうだ。

――行くしかない

思い立ったが吉日。パソコンをシャットダウンすると、そのキャバクラに向かった。

店を訪れ、従業員に通されたのはフロアの角席。背後は壁、そして座っているソファが壁に接している形なので、自分は店の隅に座る格好となった。

店内は全体的に薄暗く、対角線上に立っている黒服の顔が視認できない。

「少々お待ちください」

そのうち女性が横に付くからそこで大人しく待っていろ、ということだと理解した。実は、このような店は初めてで、どうして良いかわからないのだ。

Xさんは指先が冷たくなるほどがちがちに緊張していたそうだ。

「お待たせしました」

不意に右側から女性の声が聞こえた。ホステスがきたようだ。

――あれ？

それは、おかしい。

自分は隅に居て、右手には壁しかない。後ろも壁であることは案内されたときに確認済だ。と思った瞬間。

右肩越しに細く白い女性の腕がすぅっと伸びてきた。

彼の右腕に重なるように出現したそれは、横滑りして壁の中に消えていった。

「まぁ、それだけなんだけどね。ちょっとドキッとするよね」

頭を掻きながらけらけらと笑う。

彼のことはよく知っているが、こんな『あるある話』をする人だっただろうか？

現象としてはよくある話だ。いまいち怖くない。

「そのあと女の子が付いてくれたんだけど、何を話したかぜんぜん覚えてなくてさ、緊張で」

そのオチは怪異としては必要ではないと感じた。

「で、これが最後。去年のことなんだけど」

こちらの拍子抜けした表情を察してか、すっと真顔に戻り、彼は話し続けた。


八月のことだった。

具体的な場所は伏せるが、出張で西日本方面へ行かなくてはならなくなった。

一週間ほどの滞在で、週末を跨ぐ予定だ。

そこで彼は休みの日を利用して、その地元で有名な神社への観光を計画した。

土曜日の朝、宿泊先のホテルから電車を乗り継いで終点駅にて下車。

傾斜を登ると、大鳥居が視界いっぱいに入ってくる。

彼は、せっかくだからと御朱印をもらうつもりでいた。

受付窓口にいた巫女さんに聞くと、まずは参拝してからそのあと拝受するのが習わしだということ。

その神社には御朱印をもらえるところが複数あった。

その中のひとつを訪れたとき。

近くの巫女さんに聞くと、こちらでは二柱を祀っていることがわかった。

それぞれの社をお参りし、さあ御朱印をもらおうというときに、彼は違和感を覚えた。

二社はお互いが離れたところに建立されている。

しかし、その真ん中にもう一社、別の神様を祀っている社が建てられているのだ。

近寄って立札を読むと、その神社縁《ゆかり》の神様だと説明されている。

これは怪談仲間たちへ土産話にできると喜んで、この三社を入れて写真を撮ろうとスマートフォンを取り出した。

スマホのパノラマ写真というのは、撮影するときに画面下部にプレビューが表示される。

左から右にレンズを動かしていくと、どう撮れているかというのがわかるのだ。

Xさんは、シャッターボタンを押して、景色を収めようとした。

だが、シャッターが下りない。いや、正確には少しだけ撮れるのだが、途中で止まってしまうのだ。

一瞬、壊れたのかと思い、まったく関係ない風景をパノラマで撮ると上手くいく。

また再び、三社がすべて入るように撮影を開始すると先と同様に止まってしまう。

彼は、諦めて近くにいた巫女さんに今あったことを伝えると、

「あぁ、神様のどなたかが一緒に写るのを嫌がったのかも知れませんね」

と笑顔で返された。


「まぁ、『シャッターが下りない』なんて話はベタかも知れないけどね。俺としては初めてだよ、そんな現象に遭ったのは。怖かったねぇ」

そういうとX氏は私の顔をじっと見つめた。話の感想を求められているのがわかったが、言葉が出てこない。

「うーん……」

「どうしたの？」

「いえね。怪異の当事者なら恐怖も一入《ひとしお》だということは同感なんですけど、今聞いた三つの話、果たして文章にして第三者に読んでもらった場合、そんなに怖がらせることはできない

のかなって思っちゃいまして。Xさんだって、人前で語るなら没にしませんか?」

「そうだねぇ」

「そうだねって……他人事みたいに。とっておきの話が聞けるんじゃないかって楽しみにしてきたんですけど、ちょっと期待外れでしたよ」

「まあ、ちょっと待ってよ」

彼はにやりと笑い、こう続けた。

「最後の話には、続きがあってさ」


「神様が一緒に写るのを嫌がっている」

巫女さんはそう説明したが、X氏はまったく納得できなかった。なぜなら、X氏は見てしまっていたからだ。一度撮影に失敗した後、再び三つの神社を写そうと振り返ったとき、一瞬だけ、あの白い手が見えたのだ。

白い手は最初はおぼろげだったが、何度も写真を撮りなおしているうちに、次第に鮮明になってきた。

「その都度、ぱっと消えちゃうんだけどさ」

「はぁ……そうですか」

「そんな落胆しないでくれよ」

「いやいや！　思わせぶりに付け足した話も空振りでしたよ」

「そうかい？　じゃあ、ちょっと一話目から思い返して欲しいんだけど、近づいてきてるって思えないかな。君だったら、どう思うか知りたいんだ」

「え？　何がですか？」

「腕が、だよ」

「腕……？」

彼のいっていることがいまひとつ理解できず、鸚鵡返しになってしまった。

「あのさ、俺が意味もなく『よくありそうな怪談』を怪談作家の君にすると思うかい？」

「それは、まぁ……そうですけど」

私はいつの間にか前のめりになっていた姿勢を戻して、背もたれに体重を預けた。

「三年前は、遠くの暗闇から手を振るだけだった。それが次の年には、肩越しに現れた。そして去年、撮影を神様が拒否したのではなくて、そいつがスマートフォンを間近で操作して邪魔したのだとしたら」

「いいたいことは理解できますが、ちょっとこじつけのような……」

「実体験なんて過去のこと。終わっちゃえばそこまで怖くないいんだよ」

「元も子もないですね」

「でもな」

再びお茶を一口含むと、彼はこう続けた。

「毎年、夏に体験してるんだ。今年の夏、何が起きるのかって想像する方が何倍も怖いときだってあるんだ」

――次に出そうな場所にいったら、俺はどんな目に遭うと思う？

答えることはできなかった。

この日以来、私は怪談師としての彼の活動を耳にしていない。

おわりに

『趣魅怪談』をお読みいただき、ありがとうございます。

前著の『異職怪談』（珍しい仕事の最中に体験した怪異集）が好評だったので、次は「珍しい趣味に没頭中、体験した怪異」を集めてみようかと考えていた。

候補に上がった共著者の方々にも声を掛けて賛同いただき、「それでは、何月何日を締め切りに、怪談実話を集めていこう」ということになった。

このときは誰も蒐集や執筆が困難を極めることになるとは思っていなかった。

まず、体験談を集めるにあたって、体験者を探しても見つからない。

怪異に遭遇している。それは趣味の最中だった。その趣味は特殊で珍しいものだ。そんな人がこの日本にどれくらい居るのか、という話だ。

さらに、趣味の説明をする段になって恥ずかしがって取材を打ち切られる場面があった。

人は、よほど後ろ暗いことを生業としていない限り、自分の職業を説明することに抵抗はなく、むしろ喜んで話してくれる傾向さえある。あなたもきっとそうだろう。

だが、類を見ない趣味であればあるほど、一種性癖と同列に捉えている人が一定数いて、その思い込みが本人の口を固く閉ざす。これには本当に悩まされた。

次に起稿だ。これもそのときになってみて初めて、頭の痛いことだと気づかされた。

どうにかこうにか体験談を蒐集したものの、書きっぷりが難しい。

「こういう趣味にまつわる話である」と書き出すと、何が起きたか先が読めてしまう。タイトルを付けると、よりラストを容易に想像させるものになりがちだったのだ。

加えて、趣味を紹介するくだりは説明文を読まされている気分にならないように注意した。

あくまで遊びの話なのだ。授業をしてどうする、と何度も自分に言い聞かせた。

私がそうであったように、共著者の方々も似たような悩みを持ったことだろう。

この企画に付き合ってくれたお三方には感謝の気持ちしかない。

さて、そんな稀有な話の数々。読者諸兄姉は様々な感想をお持ちのことだろう。

作り話だと一笑に付したか。

あるいは、「へぇ、そんなことがねぇ……」と感心したか。

それともページをめくるとき、ふと手を止め、背後を振り返って安堵したか。
興味を惹かれ、怖がってもらえたなら幸いだ。
今、あなたが手にしている本。
読書という趣味の中で、怪談というジャンルも少し珍しいものだと考えている。
本来、怖いものを避けるはずが、自ら率先して読みふける。
これも怪異という現象に魅せられた『趣魅』だといえよう。
趣魅とは本来、誰にも邪魔されずに楽しむことが一番だ。
脇目も振らず、己の世界に浸る。それでこその娯楽。
尚更のこと、この本をひとりでこっそりと耽読することを願う。

——ただ。

そんなひとりのとき、何か起これば良いとは思っている。

正木　信太郎

■執筆者紹介

正木信太郎（まさき・しんたろう）

怪談師・怪談作家。聞く人を唖然とさせる怪談・奇談を得意とする。執筆は、怪異が起きた現場を訪ねた体感を文章に反映させることを主義としている。趣味は旅行。著書に、『異職怪談～特殊職業人が遭遇した26の怪異～』（彩図社）、『岩手の怖い話』（TOブックス）、『宿にまつわる怪異譚』（イカロス出版）があり、映像作品としてDVD『怪奇蒐集者　正木信太郎』（楽創舎）がある。また、座談会方式で怪談を語り合う「板橋怪談会」の主催のひとり。

しのはら史絵（しのはら・しえ）

作家・脚本家・怪談蒐集家。共著に『異職怪談～特殊職業人が遭遇した26の怪異～』（彩図社）、『高崎怪談会 東国百鬼譚』（竹書房怪談文庫）、『お化け屋敷で本当にあった怖い話』（TOブックス）、単著にて『弔い怪談　葬歌』（竹書房怪談文庫）を上梓。DVD出演は『怪奇蒐集者　しのはら史絵』（楽創舎）、他。共著者である正木信太郎氏と「板橋怪談会」を主催。不定期で「女だけの秘密の怪談会」も主催している。

夜馬裕（やまゆう）

怪談師・作家。三代目最恐位（怪談最恐戦2020優勝）。怪談師ユニット・ゴールデン街ホラーズの一員。厭な話 / ホラー / 映画 / 漫画 / 奇妙な生き物 / 猫 / 料理が好き。第7回『幽』怪談実話コンテスト優秀賞、カクヨム異聞選集コンテスト大賞 他。単著『厭談 祟ノ怪』、共著『瞬殺怪談 死地』『現代怪談　地獄めぐり 業火』『高崎怪談会 東国百鬼譚』（竹書房）など。単独DVD『怪奇蒐集者 夜馬裕』『怪奇蒐集者 夜馬裕 酩譚』（楽創舎）、共演DVD『圓山町怪談倶楽部 シバスベリ』他多数。

若本衣織（わかもと・いおり）

怪談師、作家。第2回『幽』怪談実話コンテストで「蜃気楼賞」に入選。近年は様々な怪談会に顔を出しながら、自身が集めた怪談語りを行っている。趣味は廃墟巡り。共著に『怪談実話コンテスト傑作選2 人影』『怪談実話NEXT』（MF文庫ダ・ヴィンチ）がある。

趣魅怪談《しゅみかいだん》 ～特殊趣味人が遭遇した21の怪異～

2021年7月21日　第1刷

著　者　正木信太郎、しのはら史絵、夜馬裕、若本衣織

発行人　山田有司

発行所　株式会社　彩図社
東京都豊島区南大塚3-24-4
MTビル　〒170-0005
TEL：03-5985-8213　FAX：03-5985-8224

印刷所　シナノ印刷株式会社

URL https://www.saiz.co.jp Twitter https://twitter.com/saiz_sha

ISBN978-4-8013-0533-5 C0095